STEPHEN FOX   JOSINA SCHNEIDER-BROEKMANS

Taal vitaal

NIEDERLÄNDISCH FÜR ANFÄNGER

Hueber Verlag

Das *Taal vitaal* -Team

Konzeption und
 Verlagsredaktion: Stephen Fox
Lehrbuch: Josina Schneider-Broekmans
Arbeitsbuch: Hubertus Wynands
Berater: Bernd Morsbach,
                    Marion Binneveld-Wich

Hartelijk dank voor de medewerking:
Dick Broekmans, Annemarie Diestelmann,
Erik Mijnsberge, Arabella Seegers

9. 8. 7. | Die letzten Ziffern
2018 17   16   15   14 | bezeichnen Zahl und Jahr des Druckes.
Alle Drucke dieser Auflage können, da unverändert,
nebeneinander benutzt werden.
3. aktualisierte Auflage 2002
© 1998 Hueber Verlag GmbH & Co. KG, Ismaning, Deutschland
Umschlaggestaltung: Martin Wittenburg, München
Zeichnungen: Lyonn Redd
Gestaltung und Realisation: BuchHaus Robert Gigler GmbH, München
Lithographie: Design Typo Print GmbH, Ismaning
Druck und Bindung: Himmer AG, Augsburg
Printed in Germany
ISBN 978–3–19–005252–3

Vorwort

Taal vitaal ist ein Niederländischkurs für erwachsene und jugendliche Anfänger, der es Ihnen ermöglicht, sich in den wichtigsten Alltagssituationen zu verständigen. Er ist für ca. 60 Doppelstunden konzipiert und führt zur Stufe A2 des Certificaat Nederlands im Rahmen der Europäischen Sprachenzertifikate.

Das Lehrwerk besteht aus dem Kursbuch, einem Arbeitsbuch und zwei CDs, die sämtliche mit dem CD-Symbol gekennzeichneten Texte enthalten.

Die 20 Lektionen sind jeweils einem Thema gewidmet. Jede Lektion umfasst sechs Abschnitte:

Basiswoorden (Basiswörter)	Sie führen in das Hauptthema der Lektion ein.
Aandacht voor (Aufmerksamkeit für …)	Hier wird der Lernstoff der Lektion anhand eines Dialogs oder Textes eingeführt.
Een stapje verder (Ein Schritt weiter)	In diesem Abschnitt wird der eingeführte Lernstoff vertieft und geübt.
Extra (Extra)	Erweiterung des Lektionsthemas
Nederland – *ander*land	Unter dieser Rubrik finden Sie landeskundliche Informationen in größtenteils authentischen Lesetexten.
Samenvatting (Zusammenfassung)	Bietet einen Überblick über die eingeführte Grammatik und die Sprechintentionen.

Da das Kursbuch einen Rahmen für einen kommunikativen Unterricht bieten möchte, befinden sich sämtliche Grammatikerklärungen im Arbeitsbuch. Im Kursbuch wird, wo es sinnvoll für die Kommunikation ist, Hilfestellung in Form von Grammatikzetteln geboten.

Folgende Symbole dienen der Orientierung innerhalb einer Lektion:

Dieses Symbol am Rande weist auf eine Übung hin, die entweder in Partner- oder Gruppenarbeit gemacht wird. Solche Übungen geben Ihnen Gelegenheit, zu zweit bzw. in einer kleinen Gruppe die eingeführten Sprechintentionen auszuprobieren und dabei die anderen KursteilnehmerInnen (*medecursisten*) kennen zu lernen.

Dieses Symbol weist darauf hin, dass sich der entsprechende Text auf CD befindet. Die Zahl neben dem Symbol gibt den Track auf der CD an.

Dieses Symbol weist auf eine Hörverständnisübung hin. Bei diesen Übungen wird von Ihnen keinesfalls erwartet, dass Sie alles verstehen, sondern dass Sie die gestellte Aufgabe lösen. Wenn es Fragen zum Hörtext gibt, lesen Sie sie vor dem Hören, damit Sie vorab wissen, worum es geht.

Dieses Symbol weist auf eine Gelegenheit hin, Ihren eigenen Wortschatz anzulegen, denn hier bestimmen Sie, welche Vokabeln Sie noch lernen möchten. Sie können dabei ein Wörterbuch zu Rate ziehen, sich an den Kursleiter/die Kursleiterin wenden oder sich mit anderen Teilnehmern austauschen.

Nun möchten wir Ihnen *veel plezier en succes* mit *Taal vitaal* wünschen!

Ihr *Taal vitaal* -Team

Inhalt

Inhalt

Inhalt

Inhalt

Dag!

Vul de juiste begroeting in.
Setzen Sie die passende Begrüßung ein.

Goedemorgen! Goedemiddag! Dag! Goedenavond! Goedenacht!

Aandacht voor: kennismaken, jezelf voorstellen
sich kennen lernen

 2 Luister. Wat hoort bij elkaar? 1

Hören Sie zu. Was passt zusammen?
Ordnen Sie jedem Foto das passende Gespräch zu.

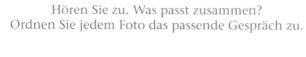

In het ziekenhuis

Op een camping

Op kantoor

Op de Spaanse les

Les

1

Aandacht voor: kennismaken, jezelf voorstellen

 Dialogen

1 Marijke: Dag, ik ben Marijke.
Gabi: Hallo, ik ben Gabi.
Marijke: Gabi? Dat klinkt nogal Duits; kom je uit Duitsland?
Gabi: Ja, dat klopt. Ik ben Duitse.
Marijke: En waar kom je vandaan?
Gabi: Ik ben geboren in een dorpje vlakbij Aken, maar nu woon ik in Berlijn. En waar kom jij vandaan?
Marijke: Uit Amsterdam.

2 Mirjam de Vries: Goedemorgen. Bent u de nieuwe collega?
Maarten de Jong: Ja, ik ben Maarten de Jong.
Mirjam de Vries: Mirjam de Vries.
Maarten de Jong: Hallo.
Mirjam de Vries: Kom je uit Amsterdam?
Maarten de Jong: Nee, ik kom uit Maastricht.

3 René Meurs: Goedemiddag. Bent u meneer Smit?
Jan Rietman: Nee, ik ben Jan Rietman. Dat is meneer Smit.
Heiko Schmidt: Ja, ik ben Heiko Schmidt.
René Meurs: O ja, Schmidt; komt u uit Duitsland?
Heiko Schmidt: Nee, ik kom uit Oostenrijk.

4 Rob Claes: Goedenavond, zit hier al iemand?
mevrouw Vos: Nee hoor, deze stoel is nog vrij.
Rob Claes: Dank u. Ik ben Rob Claes.
mevrouw Vos: Mevrouw Vos. Prettig met u kennis te maken.
Rob Claes: Woont u ook hier in Utrecht?
mevrouw Vos: Nee, ik kom uit Zeist.

 Schrijf op.

Schreiben Sie auf.

naam	Waar komt hij/zij vandaan?
Marijke	Zij komt uit Amsterdam.
Gabi	Zij is geboren in ... maar ze woont in ...
Maarten	Hij ...

Aandacht voor: kennismaken, voorstellen

 Vul de passende uitdrukkingen uit de dialogen in.

Setzen Sie die passenden Ausdrücke aus den Dialogen ein.

	Begrüßung	Frage nach der Herkunft
informell		
formell		

 En u?

Stel uzelf aan de andere cursisten voor.
Und Sie? Stellen Sie sich den anderen Teilnehmern vor.

➔ *Dag, ik ben …*
– Hallo, ik ben …
En waar komt u/kom je vandaan?
– Ik kom uit …, maar ik woon in …

Let op! Aufgepasst!

je komt ➜ kom je?
u komt ➜ komt u?

Les 1

 Vertel het nu aan de klas.

Erzählen Sie nun der Klasse.

Dit is Kerstin/mevrouw Schwinn
en ze komt uit …

Dat is Boris/meneer Diehl
en hij komt uit …

Aandacht voor: kennismaken, jezelf voorstellen

8 Wat hoort bij elkaar?

Was passt zusammen?

hij	stad
hoi	dat
Nederlander	daar
dorp	zij
Duitse	dag
hier	u
je	Duitser
dit	Nederlandse

9 Vul de tekstballonnetjes in.

Setzen Sie den passenden Text in die Sprechblasen ein.

- ◎ Woont u in Aken?
- ◎ Tot ziens!
- ◎ Waar kom je vandaan?
- ◎ Cuyper. Prettig met u kennis te maken.

10 Dag, bent u ...?

Entschuldigen Sie, sind Sie ...?

Schrijf een fictieve naam en woonplaats op een briefje.
Geef de briefjes aan de docent(e). Hij/Zij vertelt hoe het verder gaat.

Schreiben Sie einen fiktiven Namen und Wohnort auf eine Karte. Geben Sie sie Ihrem Kursleiter/Ihrer Kursleiterin. Er/Sie sagt Ihnen, wie es weitergeht.

➲ *Dag, bent u mevrouw Thomas uit Münster?*
  – Ja, dat klopt. /
  – Nee, ik ben ... en ik kom uit ...

11 Vertel het nu aan de klas.

Erzählen Sie nun der Klasse.

➲ *Dit is ... en hij/zij komt uit ...*

Een stapje verder: het alfabet
das Alphabet

A B C D E F G H I J K L M
N O P Q R S T U V W X Y Z

 13 Luister nog een keer.

Welke letters klinken heel anders dan in het Duits?
Hören Sie noch einmal zu. Welche Buchstaben klingen ganz anders als im Deutschen?

A B C D E F G H I J K L M N O P Q R S T U V W X Y Z

 14 Kunt u deze Nederlandse afkortingen uitspreken?

Können Sie diese niederländischen Abkürzungen aussprechen?

Les 1

EU ⊚ IQ ⊚ tv ⊚ VVV ⊚ KLM
TPG ⊚ a.u.b. ⊚ ANWB ⊚ KNMI

Kent u nog andere afkortingen?
Kennen Sie noch andere Abkürzungen?

 15 Kunt u dat even spellen?

Vraag een medecursist naar zijn/haar naam.
Können Sie das bitte buchstabieren?
Fragen Sie einen Teilnehmer/eine Teilnehmerin nach seinem/ihrem Namen.

➲ *Hoe heet u/je?*
  – Germann, Joachim Germann.
  Kunt u/Kun je dat even spellen?
  – Ja, G-E-R-M-A-N-N. En u/jij?
  ...

16 **Zet de namen van de landen op de juiste plaats.**

Setzen Sie die Ländernamen an den richtigen Stellen ein.

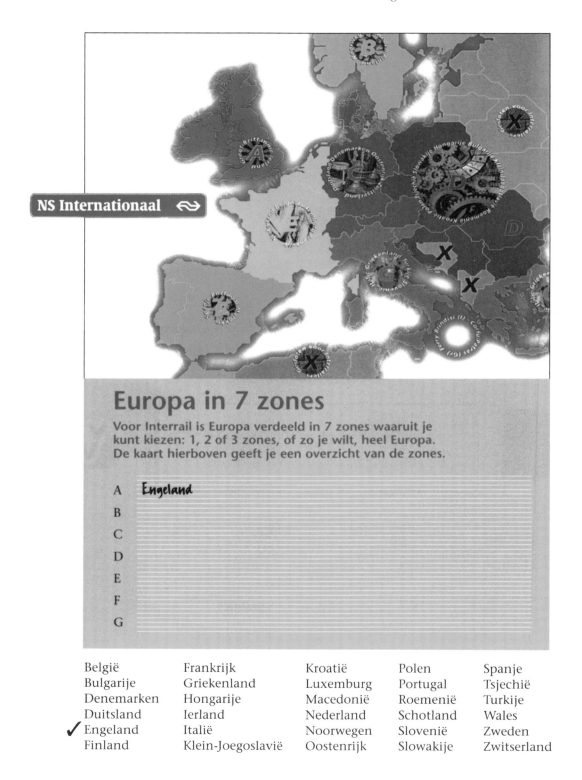

Europa in 7 zones

Voor Interrail is Europa verdeeld in 7 zones waaruit je
kunt kiezen: 1, 2 of 3 zones, of zo je wilt, heel Europa.
De kaart hierboven geeft je een overzicht van de zones.

A *Engeland*
B
C
D
E
F
G

België	Frankrijk	Kroatië	Polen	Spanje
Bulgarije	Griekenland	Luxemburg	Portugal	Tsjechië
Denemarken	Hongarije	Macedonië	Roemenië	Turkije
Duitsland	Ierland	Nederland	Schotland	Wales
✓ Engeland	Italië	Noorwegen	Slovenië	Zweden
Finland	Klein-Joegoslavië	Oostenrijk	Slowakije	Zwitserland

Samenvatting
Zusammenfassung
Grammatica Grammatik

Personalpronomen (Singular)

betonte Form	unbetonte Form
ik	
jij	je
u	
hij	
zij	ze
het	

Hilfsverben

	zijn	kunnen
ik	ben	kan
je/jij	bent	kunt/kan
u		
hij / ze/zij	is	kan
dit/dat		

Präsens

wonen, komen, heten, gaan

ik	woon/kom/heet/ga
je/jij	
u	woont/komt/heet/gaat
hij / ze/zij	
het	

Fragesatz

Ben		Bent	
Kun/Kan		Kunt/Kan	
Woon	je ...?	Woont	u ...?
Kom		Komt	
Ga		Gaat	

Nationalitäten

Nederland**er**/Nederland**se**
Duits**er**/Duit**se**

Präpositionen

aan, in, met, naar, op, tot, uit, vlakbij

Fragewörter

waar ... vandaan?   hoe?

Uitdrukkingen Ausdrücke

informeel		formeel
Hallo!	Dag!	Goedemorgen/Goedenavond!
Waar kom je vandaan?		Waar komt u vandaan?
Ben je Nederlander?		Bent u Nederlander?
Kom je uit Nederland?		Komt u uit Nederland?
Hallo.		Prettig met u kennis te maken.
Hoe heet je?		Wat is uw naam?
Hoe spel je dat?		Kunt u dat spellen?
	Dat klopt!	

Les 1

Hoe gaat het?

Basiswoorden: hoe het met iemand gaat
wie es einem geht

 1 **Wat kun je antwoorden op de vraag: Hoe gaat het met u/je?**

Zet de volgende uitdrukkingen in de goede volgorde (positief → negatief).
Was kann man auf die Frage antworten: Wie geht es Ihnen/dir?
Setzen Sie die folgenden Ausdrücke in eine Reihenfolge (sehr gut → schlecht).

positief

Het gaat wel.

negatief

Uitstekend. Goed. Fantastisch! Niet zo goed. Het gaat wel.
Prima! Hartstikke goed! Niet zo best. Slecht. O, best!

  2 **Luister. Hoe gaat het met de volgende personen?**

Hören Sie zu: Wie geht es den folgenden Personen?

Gerard ✔

Leonie → *Met Gerard gaat het uitstekend.*

Mirjam *Met Leonie gaat het …*

Joop

Aandacht voor: kennismaken, iemand voorstellen
sich kennen lernen (2)

 En u?

Loop door de klas en vraag uw medecursisten hoe het met hen gaat.
Gehen Sie durch die Klasse und fragen Sie nun die anderen Kursteilnehmer, wie es ihnen geht.

➡ *Hoe gaat het met u/je?*
   – Prima. / O, best. / Met mij gaat het goed. / …

 **Luister.**

a) Wat hoort bij elkaar?
Was passt zusammen? Ordnen Sie den folgenden Beschreibungen den passenden Dialog zu.

a. Een patiënt stelt zijn vrouw voor.

b. Een vrouw stelt een nieuwe collega voor.

c. Een toeriste stelt haar vriend voor.

d. Een cursiste stelt een andere cursist voor.

Les
2

b) Luister nog een keer. Zeggen de volgende personen „u" of „jij" tegen elkaar?
Hören Sie noch einmal zu. Sagen die folgenden Personen „u" oder „jij" zueinander?

	u	je/jij
1. Tom en Marijke		
2. Jan Hendrix en Maarten de Jong		
3. René Meurs en Petra Schmidt		
4. Rob Claes en meneer Van Elst		

Aandacht voor: kennismaken, iemand voorstellen

 Dialogen

1 Marijke: Hallo Gabi. Hoe gaat het vandaag?
Gabi: Prima hoor! Marijke, dit is mijn vriend Tom. Tom, dit is Marijke. Ze komt uit Amsterdam.
Tom: Hoi Marijke. Ben je hier ook op vakantie?
Marijke: Nee, ik werk hier. Jullie boffen met het weer, zeg!
Tom: Pardon? Wat zeg je?
Marijke: Ik bedoel, jullie hebben geluk, het is lekker weer!
Tom: Ah ja, dat klopt!

2 ...

Jan Hendrix: Goedemorgen!
Mirjam de Vries: Goedemorgen, Jan, hoe is het met jou?
Jan Hendrix: Goed, en met jou?
Mirjam de Vries: Ook goed. Jan, dit is Maarten de Jong, onze nieuwe collega.
Jan Hendrix: Hallo, ik ben Jan Hendrix. Welkom op de afdeling.
Maarten de Jong: Dank je wel.

3 ...

René Meurs: Hoe gaat het met u?
Heiko Schmidt: Nou, niet zo best.
Meneer Meurs, mag ik even voorstellen, dit is mijn vrouw.
René Meurs: Prettig met u kennis te maken. Spreekt u Nederlands?
Petra Schmidt: Ja, een beetje. Mijn dochter woont hier in de buurt.

4 Rob Claes: Goedenavond, mevrouw Vos. Hoe gaat het met u?
mevrouw Vos: Goed, dank u. En met u?
Rob Claes: Ook goed.
mevrouw Vos: Meneer Claes, mag ik u even voorstellen? Dit is meneer Van Elst.
Rob Claes: Goedenavond, hoe maakt u het?
meneer Van Elst: Goed, dank u. Leert u ook Spaans?
Rob Claes: Ik probeer het!

 Wie is dat?

Wer ist das?

Tom	Zij werkt op de camping waar Tom en Gabi zijn.
Rob Claes	Hij is een collega van Mirjam de Vries.
Marijke	Hij is de vriend van Gabi. Hij is met haar op vakantie.
Petra Schmidt	Hij zit op dezelfde les als mevrouw Vos en probeert Spaans te leren.
Jan Hendrix	Zij is de vrouw van Heiko en heeft een dochter in Nederland.

Aandacht voor: kennismaken, iemand voorstellen

 7 Vul de passende uitdrukkingen uit de dialogen in.

Setzen Sie die passenden Ausdrücke aus den Dialogen ein.

	Frage nach dem Wohlbefinden	Reaktion darauf
informell		
formell		

	Vorstellung	Reaktion darauf
informell		
formell		

Les 2

 8 Speel nu zelf een situatie na.

Rollenspiel. Schreiben Sie in Dreiergruppen einen Dialog wie auf S. 18, üben Sie ihn und spielen Sie die Situation der Klasse vor.

Op de Nederlandse les

In het ziekenhuis

Op een camping

?

Op kantoor

Aandacht voor: kennismaken, iemand voorstellen

 Wat hoort bij elkaar?

Was passt zusammen?

jij hebt	vriendin
komen	zij zijn
hij/zij is	vakantie
werk	jullie hebben
nieuw	gaan
vriend	oud

 Vul de tekstballonnetjes in.

Setzen Sie den passenden Text
in die Sprechblasen ein.

⊚ Prettig met u kennis te maken.
⊚ Hoe is het met Janny en Toon?
⊚ Hoi, hoe gaat het ermee?
⊚ Goed. En met u?

 **Luister.** 🎵 5

a) Zijn de volgende personen vrienden, kennissen of kennen ze elkaar niet?
Hören Sie zu. Sind die folgenden Personen Freunde, Bekannte oder kennen sie sich nicht?

	vrienden	kennissen	kennen elkaar niet
Mevrouw Oost en meneer Huizen			
Saskia en mevrouw De Ven			
Adriaan en Hella			
Erik en meneer Zandstra			

b) En hoe gaat het met hen? Luister nog eens.
Und wie geht es ihnen? Hören Sie noch einmal zu.

Mevrouw Oost	Met haar gaat het niet zo goed.	Adriaan	....
Meneer Huizen	Met hem gaat het goed.	Hella	....
Saskia	....	Erik	....
Mevrouw De Ven	....	Meneer Zandstra	....

Een stapje verder: 'je/jij' of 'u'?

 12 Welke foto hoort bij welke tekst?

Welches Foto passt zu welchem Text?

'Ik zeg tegen vrienden, bekenden en andere jonge mensen gewoon 'je'! Natuurlijk zeg ik 'u' tegen oudere mensen die ik niet ken. Ja, en tegen mijn oma zeg ik ook 'u'!'

'Automatisch 'je' en 'jij' vind ik niet correct. Mijn generatie zegt liever 'u', soms ook tegen familie. Ik zeg alleen 'je' als ik iemand goed ken.'

'Op kantoor zeggen bijna alle collega's 'je' en 'jij' tegen elkaar. Dat is bij ons normaal – ook tegen nieuwe collega's die zich met hun voornaam voorstellen.'

'Bij ons in het ziekenhuis zeggen de collega's 'je' en 'jij' tegen elkaar, maar tegen mijn patiënten zeg ik natuurlijk 'u'.'

1 Mevrouw Huf, huisvrouw

2 Elly de Ridder, arts

3 Ed Paré, administratief medewerker

4 Maaike Heemstra, studente

Les 2

 13 En wat vindt u? Zeggen we 'u' of 'je/jij' in de klas?

Geef argumenten voor 'u' of 'je/jij'.

Und was meinen Sie? Sagen wir „u" oder „je" (bzw. „jij") im Unterricht?
Geben Sie Argumente für „u" oder „je/jij".

Ik vind 'je/jij' beter. Het klinkt vriendelijker.

Ik vind ...

Nou, 'u' is toch niet onvriendelijk!

Dat vind ik niet.

Als je iemand niet kent, moet je 'u' zeggen!

Ik ben voor 'u'!

'Je/jij' is toch leuker.

argumenten voor 'u'

argumenten voor 'je/jij'

 Ik ben voor 'u'!

Extra: de getallen
die Zahlen

 14 **De getallen van 1 – 100.**

1	een	**6**	zes	**11**	elf	**16**	zestien
2	twee	**7**	zeven	**12**	twaalf	**17**	zeventien
0 nul **3**	drie	**8**	acht	**13**	dertien	**18**	achttien
4	vier	**9**	negen	**14**	veertien	**19**	negentien
5	vijf	**10**	tien	**15**	vijftien	**20**	twintig

21	eenentwintig	**30**	dertig	**70**	zeventig
22	tweeëntwintig	**40**	veertig	**80**	tachtig
23	drieëntwintig	**50**	vijftig	**90**	negentig
24	vierentwintig enz.	**60**	zestig	**100**	honderd, honderd (en) één enz.

 15 **Luister.**

Kruis de getallen aan die u hoort.

Kreuzen Sie die Zahlen an, die Sie hören.

15/50   89/98   13/33   70/17   88/80   19/90   60/16   44/40

16 **Luister.**

Van welk spoor vertrekt de trein?

Auf welchem Gleis fährt der Zug ab?

naar	vertrek	spoor
Rotterdam	10.55	
Utrecht	11.05	
Groningen	11.12	
Keulen	11.15	
Zandvoort aan Zee	11.18	
Parijs	11.24	

 17 **Hoe gaat het verder?**

Wie geht es weiter?

1 — 3 — 5 — ...
6 — 12 — 24 — ...
11 — 22 — 44 — ...
98 — 87 — 76 — 65 — ...
...

22 + 16 = ...	(+ = en / plus)
3 x 5 = ...	(x = keer / maal)
99 : 3 = ...	(: = gedeeld door)
75 – 23 = ...	(– = min)

Extra: de getallen

 Maak een lijst met de namen, adressen en telefoonnummers van de medecursisten.

Machen Sie eine Liste mit den Namen, Adressen und Telefonnummern der anderen Kursteilnehmer.

➔ *Hoe heet u/je (met achternaam)?*
  – (Ik heet) …
  Kunt u/kun je dat even spellen?
  – Ja, …

  ➔ *En wat is uw/je adres?*
    – Mijn adres is …
    Kunt u/kun je dat/de straatnaam even spellen?
    – Ja, …

➔ *Kan ik u/je opbellen? Wat is uw/je telefoonnummer?*
  – Mijn telefoonnummer is 020/3934459.
  Hebt u/Heb je misschien ook een e-mailadres?
  – Mijn emailadres is …/Nee, ik heb geen pc. En wat is uw/jouw telefoonnummer?
  Mijn telefoonnummer is … / Het nummer van mijn mobieltje/gsm is …

naam	adres	(kengetal) telefoonnummer e-mailadres
Chris	Wilhelmstr. 7	030 1234567 chris@net.de

Les 2

 Van wie is het nummer?

Neem nu uw adressenlijst en vraag aan de medecursisten:
Nehmen Sie Ihre Liste und fragen Sie die anderen Kursteilnehmer:

➔ *67819. Van wie is dat nummer?*
  – Dat is mijn nummer/het nummer van …

Nederland – *ander*land

Het geheim van de postzegel. Nu verkrijgbaar op het postkantoor.
Een velletje postzegels met 10 verschillende, leuke boodschappen.
Wie gaat u verrassen?

Wij zorgen ervoor.

Samenvatting
Zusammenfassung
Grammatica Grammatik

Personalpronomen (Pl.)

zijn

ik	ben	we/wij		
je/jij	bent	jullie	zijn	
hij / ze/zij / het	is	ze/zij		
	u	bent		

hebben

ik	heb	we/wij		
je/jij	hebt	jullie	hebben	
hij / ze/zij / het	heeft	ze/zij		
	u	hebt/heeft		

modale Hilfsverben

mogen, moeten

ik		we/wij	
je/jij	mag/moet	jullie	mogen/moeten
hij / ze/zij / het		ze/zij	
	u	mag/moet	

Verneinung

Dat vind ik **niet**. *beim Verb*

Ik heb **geen** pc. *beim Substantiv*

Possessivpronomen

mijn		ons/onze	
je/jouw	adres	jullie	kantoor
uw		uw	collega
zijn/haar		hun	

Personalpronomen *Objektfall*

Met **mij** gaat het goed.

Hoe is het met	je/jou	?
	u	
	hem / haar	
	ons	
	jullie	
	hen/ze	

Präpositionen

met, van

Fragewörter

wat? wie?

Les 2

Uitdrukkingen Ausdrücke

informeel

Hoe gaat het (ermee)? / Hoe is het met je/jou?
Prima/Uitstekend!
..., dit is ...
Hoi/Dag.

Sorry. (Wat zeg je?)
Spreek je Nederlands/Duits?
Dank je wel. / Bedankt.

formeel

Hoe gaat het met u? / Hoe maakt u het?
Goed, dank u.
Mag ik u even voorstellen?
Prettig met u kennis te maken. /
Hoe maakt u het?
Pardon? (Wat zegt u?)
Spreekt u Nederlands/Duits?
Dank u wel.

We zijn op/met vakantie.
Jullie boffen (met ...)!
Het is lekker weer!

Succes! Succes! Succes!
EUR 0,39 Nederland 2002

Hoe is ze?

Basiswoorden: karaktereigenschappen
Charaktereigenschaften

 Welke beschrijving past bij wie?

Welche Beschreibung passt zu wem?

slordig ◉ druk ◉ sportief ◉ romantisch ◉ pessimistisch ◉ grappig

Jelle

2 Hoe zijn ze?

Wie sind sie?

➔ *Volgens mij is Jelle/Rina …*
Hij/Zij is (niet) erg …

Rina

Basiswoorden: karaktereigenschappen

 Doe deze persoonlijkheidstest. Wat voor type bent u?

Machen Sie diesen Persönlichkeitstest. Was für ein Typ sind Sie?

Ben je ...?

- ❑ druk
- ❑ netjes
- ❑ grappig
- ❑ sportief
- ❑ optimistisch
- ❑ realistisch

- ❑ stil
- ❑ slordig
- ❑ serieus
- ❑ niet sportief
- ❑ pessimistisch
- ❑ romantisch, gevoelig

 Zet deze woorden in de goede volgorde.

Setzen Sie diese Wörter in die richtige Reihenfolge.

___ een beetje	
1 heel (erg)	
___ helemaal niet	
___ niet zo	slordig
___ vrij/nogal	
___ erg	
___ best wel	

 En u?

Vraag een medecursist.
Fragen Sie eine(n) andere(n) Kursteilnehmer/in.

➡ *Bent u/Ben je sportief?*
   – Ja, best wel.
   Bent u/Ben je romantisch?
   – Ja, ik ben vrij romantisch. /
   – Nee, ik ben niet zo/helemaal niet romantisch.

 Vertel het aan de klas.

Berichten Sie nun der Klasse.

➡ *Joachim en ik zijn allebei romantisch.*
   We zijn ..., maar niet ...
   Hij/Zij is nogal ..., maar ik ...

Les 3

Aandacht voor: iemand beschrijven
jemanden beschreiben

 Dialoog: Twee vriendinnen op kantoor

Sanne: Wie is dat?
Carla: Wie bedoel je?
Sanne: Ik bedoel dat blonde meisje bij het kopieerapparaat.
Carla: Het meisje naast Ina?
Sanne: Ja, dat slanke meisje.
Carla: Dat is mijn nieuwe collega.
Sanne: Een nieuwe collega? Hoe heet ze?
Carla: Renée Schols.
Sanne: En waar komt ze vandaan?
Carla: Uit een klein plaatsje in de buurt van Rotterdam.
Sanne: En hoe is ze? Ze kijkt zo serieus.
Carla: Ze is erg aardig, maar inderdaad wel een beetje stil.
Sanne: Tja, niet iedereen is zoals jij!
Carla: Dat klopt!

 Vul in en beantwoord dan de vragen.

Füllen Sie aus und beantworten Sie dann die Fragen.

naam	karaktereigenschappen	uiterlijk
Renée Schols		
Carla		/

1. Wie is dat blonde meisje? **De nieuwe collega.**
2. Hoe heet ze?
3. Waar komt ze vandaan?

4. Wat voor type is ze?
5. Hoe ziet ze eruit?
6. Wat voor type is Carla?

Let op!

de grote man/vrouw	Kees is **een** aardige man. / Nellie is **een** aardige vrouw.
het kleine kind/meisje *Maar:*	Jeroen is **een** aardig kind. / Renée is **een** aardig meisje.

!

  Brainstormen. Welke andere woorden gebruik je voor personen?

Welche anderen Wörter verwenden Sie in Bezug auf Personen?
Benutzen Sie bei Bedarf ein Wörterbuch oder fragen Sie Ihren Kursleiter/Ihre Kursleiterin
nach unbekannten Wörtern.

vriendelijk   gezellig   beleefd   lief   ...

*Hoe zeg je ...
in het Nederlands?*

Een stapje verder: vrienden en familie
Freunde und Familie

 10 Vul het juiste woord in.

Setzen Sie das passende Wort ein.

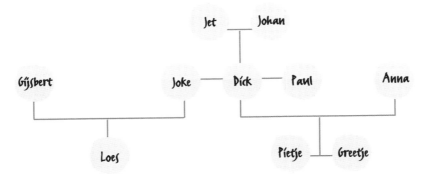

1. Dick is de ....**man**........ van Anna. Zij is zijn ....
2. Johan is de .... van Dick en Jet is zijn ....
3. Pietje is de .... van Dick en Anna. Greetje is hun ....
4. Joke is de .... van Dick. Paul is zijn ....
5. Joke is de .... van Pietje en Greetje en Paul is hun ....
6. Pietje is de .... van Joke en Paul. Greetje is hun ....
7. Joke is de .... van Anna en Paul is haar ....
8. Johan is de .... van Pietje, Greetje en Loes. Jet is hun ....
9. Pietje is de .... van Loes en Greetje is haar ....

de vader	de broer	de zoon	de oom	de neef	de opa	de zwager
de moeder	de zus	de dochter	de tante	de nicht	de oma	de schoonzus

 11 Luister. 10

Drie personen vertellen over hun beste vrienden. Vul de informatie in die u hoort.

Drei Personen erzählen von ihren besten Freunden. Tragen Sie die Informationen ein, die Sie hören.

	naam van de beste vriend(in)	relatie	Hoe is hij/zij?
persoon 1			
persoon 2			
persoon 3			

Les 3

Een stapje verder: vrienden en familie

  12 Wie is uw beste vriend(in)? Vraag het aan uw medecursisten.

Wer ist Ihre beste Freundin/Ihr bester Freund? Fragen Sie die anderen Teilnehmer/-innen.

mijn vriend(in)   een klasgenoot   mijn buurvrouw/-man
mijn vrouw/man   mijn collega   een familielid

naam van de cursist	beste vriend(in)	Hoe is hij/zij?

➡ *Wie is uw/je beste vriend(in)?*
– Mijn beste vriend(in) is mijn … / is een … / is …
Hoe heet hij/zij?
– Zijn/haar naam is …

  13 Vertel dan aan de klas wat u te weten gekomen bent.

Erzählen Sie den anderen, was Sie in Erfahrung gebracht haben.

➡ *Helga's beste vriendin is haar zus, Monika.*
– Monika is optimistisch en erg aardig.
Is ze ook nog sportief?
– Nee, ze is niet sportief/ze doet niet aan sport.

Een stapje verder: vrienden en familie

 14 **Vraag uw partner naar de ontbrekende informatie.**

Fragen Sie Ihren Partner nach den fehlenden Informationen.

Cursist A: U werkt met deze pagina.
Cursist B: U werkt met pagina 176.

Cursist A: U ziet hier de namen van zes nieuwe collega's, die allemaal op Schiphol werken. Vraag uw partner naar de ontbrekende informatie.

Teilnehmer A: Sie sehen hier die Namen von sechs neuen Kollegen, die alle am Flughafen Schiphol arbeiten. Fragen Sie Ihren Partner nach den fehlenden Informationen.

Voornaam	Annette	Joke	Margriet	Heinz	Danny	Joe
Achternaam		Verbeek	van den Berg			Highland
Komt uit ...		België		Duitsland	Zwitserland	
Hoe is hij/zij?	sportief, grappig		stil, gevoelig		druk, pessimistisch	

Vraag naar: achternaam, herkomst en eigenschappen.

➡ *Wat is Annettes achternaam?*
Komt Annette uit Duitsland? / Waar komt Annette vandaan?
Is Heinz sportief? / Hoe is Heinz?

 15 **Geef antwoord op de volgende vragen.**

Beantworten Sie die folgenden Fragen.

➡ *Komen Annette en Heinz allebei uit Duitsland?*
– Ja, ze komen allebei uit Duitsland. / – Nee, dat klopt niet. Ze komen ...

1. Komen Annette en Heinz allebei uit Duitsland?
2. Komen Joke en Margriet allebei uit Nederland?
3. Zijn Joke en Margriet allebei stil?

Maak volgens dit schema nog een paar vragen.

Extra: het uiterlijk beschrijven
das Aussehen beschreiben

 16 **Vul de ontbrekende woorden in.**

Setzen Sie die fehlenden Wörter ein.

Ruud   Loes   Monique   Willem   Gijsbert   Tamara   Joke   Pietje   Jan   Greetje   Dick   Jos   Anna   Paul   Johan   Atie

Ruud / Hij is ………   Loes / Zij is klein.

Monique / Zij is slank.   Willem / Hij is ………

Gijsbert / Hij heeft blauwe ogen.   Tamara / Zij heeft bruine ogen.

Joke / Zij is donker.   Pietje / Hij is ………   Jan / Hij is ………

Greetje / Zij heeft lang haar.   Dick / Hij heeft ……… haar.

Jos / Hij is ……… /ziet er goed uit.   Anna / Zij is erg ……… /leuk/attractief.

Paul / Hij heeft een snor.   Johan / Hij heeft een baard.

Atie / Zij draagt een bril.

kort   mooi   groot   kaal   dik   blond   knap

A-Z

17 **Welke andere woorden horen er nog bij?**

Welche anderen Wörter gehören für Sie dazu?

jong/oud … …

Extra: het uiterlijk beschrijven

 Welke beschrijving past bij wie?

a) Wer ist wer? Zu welchen Personen passen die folgenden Beschreibungen?

1 Peter, mijn man, is niet zo groot maar ook niet klein. Hij is kaal, maar hij heeft een lange baard en mooie bruine ogen – en ik houd van hem!

2 Mijn zussen? Nou, die zijn groot en slank, niet zo dik als ik! Ze hebben allebei blauwe ogen en kort, blond haar; ik vind ze erg knap. Wat zeg je? Een tweeling? Ja, dat klopt, maar er is één verschil: Sanne draagt een bril en Els niet.

3 Hoe ik eruit zie? Nou, ik ben een beetje dik, maar dat valt bij mijn lengte niet zo op. Mijn haar is kort en – o ja, ik heb een snor. Mijn vriendin zegt dat die me goed staat.

b) Beschrijf nu de andere twee personen.
Beschreiben Sie jetzt die anderen zwei Personen.

 Luister. Teken wat u hoort.

Zoek in dit boek een plaatje van een persoon die u leuk vindt. Beschrijf deze persoon. Uw partner tekent wat hij/zij hoort. Vergelijk dan het resultaat met het plaatje.

Suchen Sie sich in diesem Buch ein Bild von einer Person aus, die Ihnen gefällt. Beschreiben Sie diese Person. Ihr Partner zeichnet, was er/sie hört. Vergleichen Sie dann das Resultat.

wen

Liefs

Lieve Gerda,
je bent een colle-
ga uit duizenden.
Je hebt me enorm
geholpen de afge-
lopen tijd. Dat zal
ik nooit vergeten!
Liefs van Yvonne uit
Wassenaar

Liefste mama,
bedankt voor al
uw zorgen, en
voor uw vriend-
schap die heel
veel voor me bete-
kent. U bent een
fantastische moe-
der!
Bianca uit Ede

Beste Riet en
Antoon,
jullie hebben me
veel hulp en
steun gegeven in
het afgelopen
jaar. Jullie zijn
buren uit duizen-
den!
Groetjes van Jo uit
Naarden

Liefs

Els,
bedankt voor alle
liefs en gezelligheid
de afgelopen dertig
jaar.
Van je gekke man Gert

Tante Peggy,
jij bent de allerlief-
ste, de mooiste en
gezelligste tante die
er bestaat.
Heel veel liefs en
kusjes van Romy

Joke,
wat fijn dat we
zo'n grappig zusje
hebben als jij!
Blijf zo als je
bent!
Lien en Toni

geleden kwam mijn oudste dochter
nieuwe vriend. Ze had een relatie
verdriet had gebracht en was
n geweest. Mijn man en ik waren
weer gelukkig was. Haar vriend
iek over op ons. Je kon goed met
ral voor hem innam, was de
e dochter omging. De hele tijd
wat voor haar kon doen.
f en toe een beetje té vond, maar
iet lang en waren erg verliefd.
, werd de aandacht die hij voor
ker dan minder. Hij leek wel
ar. Toen ik er heel voorzichtig een
zei ze dat ze dat nu juist zo fijn
acht voor haar alleen. In die tijd
ons op. Ze maakte zich zorgen
Op de een of andere manier kreeg
t ze elkaar bijna niet meer zagen.
net Annemarie, gebeurde er altijd
iets waardoor ze op het
laatste moment was
verhinderd. Ook andere
vrienden en vriendinnen
zagen haar nooit meer.
Ze tenniste niet meer, en
was van jazzballet
afgegaan. Ze kwam zelfs
niet meer op verjaar-
dagen. Ook wij zagen
haar nog zelden. Dat
deed me veel verdriet
want we hadden een
goed contact. Toen
gingen Annemarie en
Simon samenwonen.
ogelijk, hun telefoon stond altijd op
ok als ze thuis waren. 'Simon vindt
dt gebeld,' zei mijn dochter. Als ze
na een paar minuten al Simons
at het gesprek nu wel lang genoeg
m leefde Annemarie langzamer-
Ze ging naar haar werk en meteen
noment van haar vrije tijd bracht ze
: daar tijdens één van hun zeldzame
ond Simon op, pakte haar bij haar

die

niet

ch-

ken

Samenvatting
Zusammenfassung
Grammatica Grammatik

Artikel

de man/vrouw
het kind

een man/vrouw/kind

bestimmt *unbestimmt*

Adjektiv

Hij/Zij is (vrij) sportief.
We zijn niet romantisch.

Adverbiale Bestimmungen

Ik ben **best wel** realistisch.
Hij/Zij is **vrij** sportief.

Adjektivendungen

de grote man/vrouw
het grote kind/meisje

een grote man/vrouw
een groot_kind/meisje **!**

Ze is aardig **maar** wel een beetje stil.

Präpositionen

op, bij

Demonstrativpronomen

dit / dat
deze / die

Les 3

Uitdrukkingen Ausdrücke

Volgens mij …
Ik ben nogal slordig. Ben je ook een beetje slordig?
Wie bedoel je?
Hoe zeg je … in het Nederlands?
Ze doet niet aan sport.

Wie is dit?
Wie ben je?
Hoe heet ze?
Hoe ziet ze eruit?

Wie zijn dit?
Wie zijn ze?
Hoe heten ze?
Hoe zien ze eruit?

Hoeveel!

Basiswoorden: de getallen
die Zahlen

1

100	honderd	**1000**	duizend
200	tweehonderd	**1246**	twaalfhonderd zesenveertig
388	driehonderd achtentachtig	**3271**	drieduizend tweehonderdeenenzeventig

1.000.000 een miljoen
2.350.000 twee miljoen driehonderdvijftigduizend

1998 negentienhonderd achtennegentig
2002 tweeduizend twee

2 Luister.

Kruis de getallen aan die u hoort.

114   884   651   150   400   458   650   890   87   17   99   107

Schrijf nu zelf 5 getallen van 3 cijfers op. Lees ze aan uw partner voor.
Hij/zij schrijft de getallen op. Vergelijk het resultaat.

3 Quiz: Wie kent Nederland?

Hoeveel provincies heeft Nederland?   12   20   23
Hoeveel inwoners heeft Nederland?   15 miljoen   16 miljoen   21 miljoen
Hoeveel mensen spreken Nederlands?   21.000.000   27.000.000   34.000.000
Hoeveel inwoners per vierkante kilometer heeft Nederland?   155   442   360
Hoeveel Nederlandse toeristen breken een been tijdens de wintersportvakantie?
   1000   2880   6500

4 Vertel het nu aan uw partner.

➡ *Ik denk/Ik geloof dat Nederland ... provincies heeft.*
En wat denkt u/denk jij?
– Ik denk .../ – Ik weet het niet!

Let op!

een man	➡ twee mannen	
een vrouw	➡ twee vrouwen	-en
een inwoner	➡ veel inwoners	
een kaartje	➡ zes kaartjes	-s
een baby	➡ twee baby's	
een foto	➡ veel foto's	-'s

Aandacht voor: getallen gebruiken

5 Waar of niet waar?

waar   niet waar

1. Twee mannen en één vrouw hebben geen kaartje.
2. Er is maar één baby te zien.
3. Er zijn drie vrouwen met een hoed.
4. Er is maar één man met een bril.
5. Er zijn twee vrouwen met kort blond haar.

Vertel nu hoeveel mensen/mannen/vrouwen/kinderen u op het plaatje ziet.

➔ *Er is één ... / Er zijn ...*

6 Dialoog: Bent u Nederlandse? 13

◉ 82 b, 82 c, 82 d - zo, hier is 82 d.
Neemt u me niet kwalijk, mevrouw,
u zit op mijn plaats.
◉ Even kijken. O ja, u hebt gelijk, ik heb 82 c. Sorry!
◉ Dat geeft niet hoor.
    ...
◉ Bent u Nederlandse?
◉ Ja, dat klopt. En u? Waar komt u vandaan?
◉ Eigenlijk uit Amerika, maar ik woon sinds
twee jaar in Amsterdam.
◉ Goh, wat spreekt u goed Nederlands!
◉ Dank u wel. Is dat uw dochtertje?
◉ Ja, ze reist voor de eerste keer met de trein
en ze vindt het erg leuk. Hebt u ook kinderen?
◉ Ja, ik heb er drie, twee zoons en een dochter!
O, daar komt de conducteur!
◼ Uw plaatsbewijzen, alstublieft!

Een stapje verder

 7 En u?

→ Teken de stamboom van uw familie (zie pagina 29).
Vraag een medecursist naar zijn/haar gezin/familie.

→ *Hoeveel broers en zussen hebt u/heb je?*
– Ik heb … / Ik heb geen …
Hebt u/Heb je kinderen?
– Ja, ik heb … kinderen. / Nee, ik heb geen kinderen.
Hebt u/Heb je een hond, een kat of een ander huisdier?
…

Let op!
Ik heb **geen** broer.
tante.
kinderen.
hond/kat.

 8 Vertel het aan de klas.

→ *Achim heeft een broer. Hij heet Florian. Hij heeft ook …*
Hij heeft geen …, maar hij heeft … en …

 9 Zoek iemand die …

naam van de medecursist

familie/vrienden in Nederland heeft.
slordig/sportief/romantisch is.
twee dochters of twee zonen heeft.
huisdieren heeft.
een fax heeft.

→ *Heeft u … / Heb je …?*
– Ja, ik heb … / Nee, ik heb geen …
Bent u … / Ben je …?
– Ja, ik ben … / Nee, ik ben niet …

Een stapje verder

 10 **Doe deze oefening met een medecursist.**

Cursist A: U kijkt op deze pagina.
Cursist B: U kijkt op pagina 177.

Cursist A: U ziet hier een foto van de familie Mulder. Uw partner heeft een andere foto van deze familie. Vraag aan uw partner of dezelfde personen op zijn/haar foto staan.

Formuleer vragen op deze manier:

➲ *Staat er een man met een snor op uw/jouw foto?*
– Ja, inderdaad. / Nee, op mijn foto staat geen man met een snor.

Zijn er vier kinderen op uw/jouw foto te zien?
– Ja, inderdaad. / Nee, ik zie er maar drie.

Is er een vrouw met een bril op uw/jouw foto?
– Ja, er is een vrouw met een bril. / Nee, ik zie geen vrouw met een bril.

Staat er een oude vrouw met een poes op uw/jouw foto?
– ...

Extra: de tijd

∥ Vul in.

1 minuut = … seconden   1 uur = … minuten   1 dag = … uur

1 half uur = … minuten   1 kwartier = … minuten   1 week = … dagen

1 maand = … weken   1 jaar = … maanden   1 eeuw = … jaar

12 Hoe laat is het?

Het is drie uur.   Het is kwart over drie.   Het is half vier.

Het is kwart voor vier.   Het is vijf (minuten) voor vier.   Het is bijna vier uur.

voor   over

over   voor

8 uur 's morgens/ 's ochtends

8 uur 's avonds

vanmorgen   vanmiddag   vanavond   vannacht

13 maandag   **14** dinsdag   **15** woensdag   **16** donderdag   **17** vrijdag   **18** zaterdag   **19** zondag

op maandag/dinsdag   — woensdag t/m vrijdag —   **in het weekend**

Extra: de tijd

 13 **Wat hoort bij elkaar?**

1. Pardon meneer, kunt u mij zeggen hoe laat het is?
   – Ja, het is bijna zeven uur.
   Dank u!

2. Wanneer vertrekt de volgende trein naar Den Bosch?
   – Over twintig minuten, om vijf voor half twaalf.

3. Marijke, hoe laat begint de film?
   – Om acht uur. Dus hebben we nog maar tien minuten!

4. Mag ik u iets vragen? Hoe laat komt de trein uit Amsterdam aan?
   – Ik geloof om kwart voor twaalf, op spoor negen.

5. Hoe laat begint de cursus Nederlands?
   – Die begint om half acht en duurt precies anderhalf uur.
   's Ochtends of 's avonds?
   – 's Avonds, mevrouw.
   Dank u wel voor de informatie!

 14 **Luister.**  14

Is de informatie die u hoort juist?

Les **4**

geopend	Artis Amsterdam	Van Gogh Museum	Grachtenrondvaart
dagen	maandag t/m zondag	dinsdag t/m zondag	dagelijks
tijd	9.30 – 17.30 uur	10.00 – 17.00 uur	9.00 – 18.00 uur

Nederland – *ander*land

Statistieken

72% van alle Nederlandse mannen tussen de 15 en 65 jaar heeft een baan van 12 uur per week of meer, tegenover 45% van de vrouwen. Hier wat cijfers van andere Europese landen.

Zweden:	73% van de vrouwen werkt
	(hoogste cijfer in Europa)
Denemarken:	67% van de vrouwen werkt
Finland:	58% van de vrouwen werkt
Duitsland:	55% van de vrouwen werkt
Italië:	36% van de vrouwen werkt
Spanje:	31% van de vrouwen werkt
	(laagste cijfer in Europa)

Zo'n 64% van alle Nederlandse mannen heeft een volledige baan (35 uur per week of meer). Bij vrouwen ligt dit rond de 18%.

11% van alle Nederlandse mannen werkt part-time (tot 35 uur per week), tegenover zo'n 35% van de vrouwen.

Ongeveer 24% van alle Nederlandse mannen werkt niet. Bij vrouwen is dat 46%.

Bron: CBS, cijfers uit 2000

Wie zijn de grootste fietsfanaten?

Zestien miljoen fietsen werden er in Europa in 1994 verkocht. Nederland behaalde daarmee de vijfde plaats met 1,2 miljoen fietsen en Duitsland staat bovenaan met een totaal van 5,2 miljoen fietsen. Maar als je per land kijkt naar het aantal verkochte fietsen per inwoner, dan zijn wij de grootste fietsfanaten.

1. Nederland	1 fiets per 12,7 inwoners
2. Denemarken	1 fiets per 15 inwoners
3. Duitsland	1 fiets per 15,5 inwoners
4. Frankrijk	1 fiets per 21 inwoners
5. België/Luxemburg	1 fiets per 24 inwoners
6. Engeland	1 fiets per 25 inwoners
7. Portugal	1 fiets per 26 inwoners
8. Italië	1 fiets per 30 inwoners
9. Spanje	1 fiets per 35,5 inwoners
10. Griekenland	1 fiets per 43 inwoners

Bron: NSS marktonderzoek, raming RAI

Samenvatting

Grammatica

Pluralformen von Substantiven

een man	⇒	twee mannen	-en
een vrouw	⇒	twee vrouwen	
een inwoner	⇒	veel inwoners	-s
een kaartje	⇒	zes kaartjes	
een baby	⇒	baby's	-'s
een foto	⇒	foto's	

er – vorläufiges Subjekt

Er is één man te zien.   Ik zie één man.
Er zijn zeven vrouwen te zien.   Ik zie zeven vrouwen.

er + Zahlwort

Hebt u ook kinderen?   – Ja, ik heb **er** drie.
    – Nee, ik heb geen kinderen.

Adverbiale Bestimmungen

Het is vijf uur.   's morgens / 's ochtends
Het is half zes.   's middags
Het is kwart over zes.   's avonds
    's nachts

Uitdrukkingen

Ik denk/geloof dat ...
Neemt u me niet kwalijk, mevrouw!
O, pardon/sorry!
Dat geeft niet!
Hoe laat is het?
Kom je op maandag of op dinsdag?
De trein vertrekt om kwart voor twaalf.
Het museum is van donderdag tot en met zondag geopend.

Ik sta om zes uur op!

Basiswoorden: het dagelijks leven
der Alltag

 1   Vul het goede werkwoord in.

....

> ontbijten   beginnen met je werk   zich aankleden
> naar bed gaan / slapen   douchen   opstaan

2   Zet nu de activiteiten in de goede volgorde.

> ➔ Eerst ...   Dan ...   Daarna ...

A-Z

3   Welke andere werkwoorden horen er nog bij?

Zich wassen   naar school/kantoor/mijn werk gaan   lunchen

boodschappen doen   ...

Aandacht voor: over je dagindeling praten

 4 Dialoog: Daar denk ik heel anders over 15

...

Loes: Nou, ik sta iedere dag om zes uur op.
Maar in de vakantie wil ik uitslapen!

Riet: Ben je gek?! Je kunt toch niet de hele dag in bed blijven liggen!

Loes: Jawel!

Riet: Juist in de vakantie kun je zo veel doen!

Loes: Ik heb altijd veel te doen.

Riet: Ja, maar ik bedoel leuke dingen doen.

Loes: Ja, lekker om een uur of tien opstaan,
op het terras ontbijten, douchen en me dan
op mijn gemak aankleden – en daarna nog gezellig
een kopje koffie drinken. Dat vind ik nou leuk!

Riet: Nee hoor! Wij gaan al om een uur of negen op stap:
naar de stad, over de markt lopen, boodschappen doen of winkelen ...

Loes: Hou maar op; ik word al moe als ik het hoor!

Riet: En wat doen jullie 's middags?

Loes: Gewoon niks. Lekker luieren, krantje lezen en overleggen waar we 's avonds gaan eten.

Riet: Nou, volgens mij kunnen wij beter niet samen op vakantie gaan!

Loes: Ja, zeg dat wel!

Let op!
ik sta op
ik kleed me aan

Les
5

 5 Spreektaal

a) Schrijf die uitdrukkingen uit de dialoog op, die u bijzonder informeel vindt.

b) Loes en Riet zijn het niet altijd met elkaar eens. Welke uitdrukkingen gebruiken ze?

c) Welke uitdrukkingen in de dialoog betekenen ongeveer hetzelfde?

Ik vind van niet. Daar ben ik het niet mee eens. Dat vind ik wel.
Daar denk ik heel anders over.

Een stapje verder

6 Zo ziet mijn dag eruit 16

Nou, ik sta om half zeven op en ga dan douchen. Ik kleed me aan en maak het ontbijt klaar voor mijn man en de kinderen. Zelf drink ik alleen een kopje thee. Om acht uur ga ik naar kantoor. Ik begin om half negen. Om tien uur drink ik samen met mijn collega's koffie.
Meestal werk ik tot twaalf uur. Daarna ga ik naar huis, ik eet iets en dan begin ik aan het huishouden. De kinderen komen om een uur of drie naar huis. We eten altijd om kwart over zes. Na de afwas kijken we soms tv en we gaan ook wel eens uit. Ik ga meestal om een uur of elf naar bed.

Ruth

> **Let op!**
>
> | naar | kantoor/huis/Amsterdam |
> |------|------------------------|
> | na | de afwas/het ontbijt |

7 Waar of niet waar?

Formuleer drie goede of foute zinnen over Ruth en geef ze dan aan uw partner.
Kan hij/zij de fouten verbeteren?

> **Let op!**
>
> hij/zij staat op
> hij/zij kleedt zich aan

> ➡ *Ruth staat om … op.*
> *– Dat klopt/is waar. / Dat klopt niet/is niet waar.*
> *Ze gaat meestal om … naar kantoor.*
> *…*

8 Zet deze woorden in de goede volgorde.

soms   nooit   altijd   vaak   af en toe   meestal

9 Luister. 17

Hoe laat doet Mieke dat meestal?

staat op	**6.45**	doet boodschappen	....
laat de hond uit	....	drinkt koffie	....
ontbijt	....	gaat naar jazzballet	....
gaat douchen	....	maakt het avondeten	....
ruimt op	....	gaat slapen	....

Vertel nu hoe laat Mieke wat doet.

Mieke

> ➡ *Mieke staat meestal om kwart voor zeven op.*

10 En u?

Vraag nu aan een medecursist hoe zijn/haar dag eruit ziet.

> ➡ *Wanneer staat u/sta je op?*
> *– Ik sta meestal om … uur op.*
> *En dan?*

Extra: het ontbijt

11 **Zet de volgende woorden op de goede plaats.**

melk • ham • boter • koffie • yoghurt • jam • het ei • hagelslag
suiker • honing • het fruit • thee • ontbijtkoek • pindakaas • muesli
✔ boterham • kaas • het sinaasappelsap • het broodje • worst

de boterham

12 **Luister.**  18

Vul in wat Janneke en Tom door de week/in het weekend eten en drinken.

	Toms ontbijt	**Jannekes ontbijt**
door de week		
in het weekend		

➡ *Door de week eet/drinkt Tom meestal …*
Maar in het weekend eet hij …

13 **En u?**

➡ *Wat eet/drinkt u/jij bij het ontbijt?*
– Ik eet altijd/nooit … / Soms/af en toe/vaak/meestal eet ik …
En in het weekend?
– Dan eet ik …

14 **Vertel dan aan de klas wat uw partner allemaal eet.**

➡ *Anna eet meestal …, maar nooit …*

Nederland – *ander*land

Koffie

Voor Nederlanders is koffie heel belangrijk. Als u bij een Nederlander op bezoek gaat, dan krijgt u vaak meteen een kopje koffie of thee. Dat betekent niet dat u snel weer weg moet, maar juist dat u van harte welkom bent.

U krijgt bij ieder kopje één koekje en daarna gaat de koektrommel dicht. Nederlanders vinden dat helemaal niet onhartelijk van zichzelf.

Meestal krijgt u na uw eerste kopje nog een tweede kopje, ook weer met één koekje.

Als u geen koffie meer wilt, dan kunt u dat gewoon zeggen ('Nee, dank u, straks misschien').

Als Nederlanders iets met elkaar willen bespreken, zeggen ze bijvoorbeeld: 'Zullen we even een kopje koffie drinken?' Dat zeggen ze vaak ook als ze thee nemen.

uit Doe maar gewoon *door Hans Kaldenbach*

Samenvatting

Grammatica

Trennbare Verben

Ik **sta op/kleed** me **aan**.
Hij / Ze/Zij **staat op/kleedt** zich **aan**.

Reflexive Verben

Ik **was me/kleed me aan**.
Hij / Ze/Zij **wast zich/kleedt zich** aan.

modales Hilfsverb

willen

ik	wil	we/wij	
je/jij	wil(t)		
	wil je?	jullie	willen
hij / ze/zij /het	wil	ze/zij	
	u wilt		

Adverbiale Bestimmungen

Ik kijk 's avonds **nooit/soms/af en toe/vaak/meestal/altijd** tv.

er + Präposition

Hoe ziet haar dag **eruit**?

naar kantoor/huis/Amsterdam gaan
na de afwas/het ontbijt/het eten

Uitdrukkingen

informeel	formeel
Ben je gek?	Ik vind van niet.
Jawel!	Dat vind ik wel.
Nee hoor!	Daar ben ik het niet mee eens.
Hou maar op!	Daar denk ik heel anders over.
Zeg dat wel!	Daar ben ik het (helemaal) mee eens.

Hoe ziet uw/je dag eruit?
Ik ga om een uur of elf naar bed.
Ik word al moe als ik het hoor!
We gaan ook wel eens uit.
Wat eet u/jij door de week/in het weekend?

Wat heb je gisteren gedaan?

Basiswoorden: gezegd, gegaan, ...

gesagt, gegangen, ...

 1 Welke tekst hoort erbij?

1. Je hebt toch 'zit' gezegd!
2. Hij heeft naar een Nederlandse specialiteit gevraagd. – Gekke toeristen!
3. Ben je met de fiets gekomen? – Ja, hoezo?
4. Hij is om acht uur, kwart over negen, tien uur en half elf naar bed gegaan.

 2 Vul de werkwoordsvormen uit de cartoons in.

infinitief	perfectum
zeggen	hebt gezegd

Aandacht voor: over vandaag en gisteren spreken

Heb je ook wel eens zo'n dag gehad?

1
Vandaag ben ik niet op tijd opgestaan,
Waarom ben ik ook zo laat naar bed gegaan?

2
Vlug mijn kleren aangetrokken.
Nellie, waar zijn m'n sokken!

3
Heb je tenminste al koffie gezet?
Mijn hemel, ik wil terug naar m'n bed.

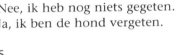

4
Nee, ik heb nog niets gegeten.
Ja, ik ben de hond vergeten.

5
Toen een kwartier naar m'n sleutels gezocht.
Waarom heb ik er nooit één als reserve gekocht?

6
Op het natte tuinpad uitgegleden.
Jan! Je bus is net weggereden!

7
Dus heb ik toen maar de fiets genomen,
Maar ben toch tien minuten te laat gekomen.

8
U wilt weten of dat alles is geweest?
Nee hoor, een lekke band, wat een feest!

9
Goed, zoiets is vlug gerepareerd,
Maar dat heb ik nooit perfect geleerd.

10
Een collega heeft me toen een lift gegeven.
Ach, waarom ben ik niet gewoon in bed gebleven!

 Wat hoort bij elkaar?

➡ *Tekening* **A** *hoort bij strofe …*

Aandacht voor: over vandaag en gisteren spreken

 5 Het perfectum (das Perfekt)

Zoek in het gedicht het participium (das Partizip) van de volgende werkwoorden.

opstaan	**opgestaan**	eten	uitglijden
gaan		vergeten	wegrijden
zijn		aantrekken	zoeken
nemen		kopen	komen
geven		blijven	hebben

 6 Zoek in het gedicht ...

Er zijn nog drie werkwoorden in het gedicht in het perfectum.
Kunt u die vinden?

1. _____

2. _____

3. _____

● Welk verschil bestaat er tussen de twee groepen (# 5 und # 6)?

● Bij welke werkwoorden gebruik je het hulpwerkwoord 'zijn'?

gisteren
eergisteren
het afgelopen weekend
twee weken geleden
vorige week/vorig jaar

  7 Welke andere werkwoorden zijn voor u nog belangrijk?

_____

Een stapje verder

 **Luister.**

a) Wat is Tineke vergeten?

MAANDAG   12-5-02

09.00	het huis opruimen
10.00	boodschappen doen
11.00	
12.00	lunchen met de kinderen
13.00	
14.00	uurtje slapen
15.00	
16.00	naar de speeltuin met Tonnie
17.00	
18.00	eten koken
19.00	Janneke opbellen!
20.00	naar de bioscoop met Hans

b) Vertel nu wat Tineke allemaal heeft gedaan.   ➲ *Om negen uur heeft ze het huis opgeruimd.*
                                                     ...

Les 6

 En u?

Schrijf op wat u gisteren allemaal heeft gedaan.
Vraag dan aan uw partner hoe zijn/haar dag is geweest.

gisteren   ➲ *Wat heeft u/heb je gisteren gedaan?*
                             – Nou, ik ...

09.00	
10.00	
11.00	
12.00	
13.00	
14.00	
15.00	
16.00	
17.00	
18.00	
19.00	
20.00	

Een stapje verder

 10   Vraag het aan een medecursist.

Bent u/Ben je vandaag/in het weekend ...	ik	medecursist
op tijd opgestaan?		
met vrienden op stap geweest?		
iets vergeten?		
naar de les gefietst?		
Heeft u/heb je vandaag ...		
de krant gelezen?		
tv gekeken?		
iets gekocht?		
iemand ontmoet?		

 Bent u/ben je op tijd opgestaan?
– Ja, ik ben om ... opgestaan. /
– Nee, ik ...

 11   Vertel het aan de klas.

➔ *Ik ben vandaag op tijd opgestaan maar Brigitte niet.*

12   Wie verzint het beste smoesje?

Waarom bent u vorige week niet naar de les gekomen?

Ik heb een miljoen in de loterij gewonnen.

Ik heb een afspraak met Miss Nederland gehad.

Ik ben bij de koningin op de koffie geweest.

Extra: ik vertel over mijn leven

 Welke foto hoort bij welke zin?

Ik ben geboren in 1952.

Van 1958 tot 1973 heb ik verschillende scholen bezocht.

In 1970 heb ik mijn eindexamen gedaan.

Mijn man heb ik in 1971 ontmoet.

Wij zijn getrouwd in 1974.

Onze oudste zoon is in 1979 geboren.

We zijn in 1983 naar een klein dorp verhuisd.

Onze tweede zoon is in 1986 geboren.

Tot 1989 ben ik thuis bij de kinderen gebleven.

In 1989 heb ik een nieuwe baan gekregen.

Wij hebben in 1995 ons huis verbouwd.

En in 1999 waren we 25 jaar getrouwd!

Les

6

 En u?

Schrijf ongeveer vijf zinnen over uzelf op een blaadje (zonder uw naam te noemen).
Geef uw blaadje aan de docent(e). Iedere cursist krijgt een blaadje van een andere cursist.
Lees voor wat erop staat. De anderen moeten raden over wie het gaat.

Nederland – *ander*land

De verjaardagskalender

Veel Nederlanders hebben een verjaardagskalender in hun huis. Meestal hangt die aan de binnenkant van de wc-deur. Op die kalender staan de verjaardagen van familie en vrienden. U hoort er echt bij als u op deze kalender staat.

Als er een verjaardag is, dan wordt het hele gezin gefeliciteerd met de verjaardag van zoon of dochter, dus niet alleen de jarige. Alleen de jarige krijgt een cadeau.

uit Doe maar gewoon
door Hans Kaldenbach

Hartelijk gefeliciteerd met je verjaardag!

Samenvatting

Grammatica

Perfekt

mit hebben

ik	heb	
je/jij	hebt	
hij / ze/zij	heeft	
het		
u	heeft/hebt	gehad / geslapen / ontmoet
we/wij		
jullie	hebben	
ze/zij		

mit zijn

ik	ben	
je/jij	bent	
hij / ze/zij	is	
het		
u	bent	geweest / opgestaan
we/wij		
jullie	zijn	
ze/zij		

Adverbiale Bestimmungen

gisteren
eergisteren
het afgelopen weekend
twee weken geleden
vorige week/vorig jaar

Uitdrukkingen

Ik ben iets vergeten.
Ik heb iemand ontmoet.

Ik ben bij ... op de koffie geweest.

Ik ben in 19... geboren.
Ik heb mijn examen in ... gedaan.
Mijn man/vrouw heb ik in ... ontmoet.

Les
6

En wat voor werk doe jij?

Basiswoorden: beroepen
Berufe

 Kunt u deze mensen vinden? Vul het nummer in.

de dokter	de lerares	de opticien
de politieagent	de groenteman	de dominee
de tuinman	de secretaresse	de orgelman
de kapper	de verkoopster	de fietsenmaker

➔ *Nummer drie is de dokter.*

Basiswoorden: beroepen

 2 **Vul in**

Hij is ...	Zij is ...
(politie)agent	(politie)agente
assistent	....
....	docente
leraar	lerares
tekenaar	....
apotheker	apothekeres
verkoper	verkoopster
groepsleider	....
kapper	kapster
....	verpleegster
boekhouder	....
chauffeur	chauffeuse
dominee/predikant	domina/predikante
(secretaris)	secretaresse
groenteboer	(groenteboer)
monteur	monteur
opticien	....
....	dokter/arts
bakker	....
....	ambtenaar

Of: Hij/Zij is werkloos / zonder werk.

 3 **Luister.** 21

Wat zijn hun beroepen?

1. Hij is ....
2. Zij is ....
3. Hij is ....

4. Zij is ....
5. Hij is ....
6. Zij is ....

7. Hij is ....
8. Zij is ....
9. Hij is ....

Les 7

Aandacht voor: over je werk praten

 Dialoog: Op een feestje

Ruud: Dit zijn Annette en Heinz, vrienden van mij uit Duitsland.
Marijke: O, wat leuk. Waar komen jullie vandaan?
Annette: Uit Frankfurt.
Marijke: Zijn jullie voor het eerst in Nederland?
Heinz: Nee hoor. Ik ben vaak op Schiphol.
Ruud: Heinz werkt namelijk bij de KLM.
Marijke: O ja? Werk je aan boord?
Heinz: Nee, ik werk meestal buiten, ik ben monteur.
Marijke: En bevalt het jullie hier in Nederland?
Annette: Ja hoor. Alleen jammer dat het weer niet zo meewerkt!
Marijke: Ik heb net het nieuws gehoord en morgen wordt het beter.
Annette: Goed, we blijven optimistisch!
Marijke: En jij Annette, je bent zeker ook niet voor de eerste keer in Nederland?
Annette: Nee, ik kom uit Aken. Ik ken Nederland allang.
Marijke: Daarom spreek je zo goed Nederlands!
Annette: Nou, dat valt wel mee.
Marijke: En wat voor werk doe jij? Ben je ook bij de KLM?
Annette: Nee, ik ben verpleegster, maar we hebben twee kleine kinderen.
          Dus momenteel ben ik huisvrouw!
          ...

 Wat denkt u: hoe gaat het gesprek verder?

a)   Marijke: Nou, dan kun je de hele dag doen wat je wilt!
      Annette: Ja, maar zeg het niet te hard. Mijn man denkt, dat ik veel te doen heb!

b)   Marijke: Dan heb je je handen vol!
      Annette: Ja, zeg dat wel!

c)   Marijke: Wil je later als de kinderen groter zijn weer gaan werken?
      Annette: Ja, over een jaar of twee zoek ik een parttime baan.

Een stapje verder

 6 Waar werken de mensen van pagina 58?

op kantoor	op school	in een ziekenhuis	buiten	in een fabriek
in een winkel/warenhuis	in een restaurant	thuis	bij een bedrijf	

➔ *De dokter werkt in het ziekenhuis.*
De politieagente werkt ...

 7 Vraag een medecursist naar de ontbrekende informatie.

Cursist A: U werkt op deze pagina.
Cursist B: U werkt op pagina 176.

	beroep	waar	hoe lang?
Jan-Willem			7 jaar
Mariska		in een supermarkt	
mevrouw De Wit	verpleegster	in een ziekenhuis	
Hendrik	leraar	werkloos	
meneer Heeskens	opticien		17 jaar
Rieke			3 jaar
uw partner			

➔ *Wat voor werk doet Jan-Willem?*   *En waar werkt hij?*   *Hoe lang werkt hij daar?*
– Hij is ...   *– ...*   *– Hij werkt daar nu (al) ...*
                                                 jaar. / Sinds 2002.

 8 Vertel nu aan de klas wat uw partner doet.

➔ *Brigitte is huisvrouw. Ze werkt al ... jaar thuis.*

Een stapje verder

 Wie doet wat?

een huisman   een buschauffeuse   een politieagent   een secretaresse   een dominee

spreekt met mensen ● vindt mijn fiets ● telefoneert ● schrijft/beantwoordt brieven
leest ● stofzuigt ● verkoopt kaartjes ● geeft raad ● kookt ● doet boodschappen ● rijdt
snijdt brood ● zet koffie ● doet het huishouden ● staat in de file ● helpt met huiswerk

 Luister. 23

Een secretaresse vertelt aan een nieuwe collega wat ze allemaal doet. Kruis aan wat ze *niet* doet.

schrijft brieven	maakt schoon	doet boodschappen
heeft koffiepauze	telefoneert	geeft raad
spreekt met mensen	leest	staat in de file

 En u?

 a) Wat doet u op uw werk? Schrijf op.

 b) Vraag aan een medecursist wat hij/zij op zijn/haar werk doet.

➲ *Wat doet u/doe je allemaal op uw/je werk?*
  – Ik spreek met mensen en beantwoord brieven en …

c) Vertel nu wat uw partner precies op zijn/haar werk doet.

➲ *Anna kookt, maakt schoon en helpt haar kinderen.*

Extra: personeelsadvertenties

 12 Wat hoort bij elkaar?

Woorden die je vaak in personeelsadvertenties tegenkomt.

functie	• informatie over de baan of de sollicitatiewijze
taken	• hoe je moet solliciteren (schriftelijk of persoonlijk bv.) en tot wanneer
functie-eisen	• werkuren per week, salaris, pensioenregeling, aantal vakantiedagen enz.
salaris	• het werk dat je moet doen
arbeidsvoorwaarden	• dat wat men van de sollicitant verwacht, b.v. opleiding, ervaring enz.
inlichtingen	• het geld dat je regelmatig voor het werk krijgt
sollicitatiewijze	• dat wat het werk inhoudt, soms 'functie omschrijving' genoemd

13 Zoek de bovenstaande informatie uit deze personeelsadvertenties.

① Voor het Ziekenhuis ten Bos in Amstelveen zoeken wij

VERPLEEGKUNDIGE (m/v)
(32-36 uur per week)

Gevraagd Diploma A-verpleegkundige of HBO-V, met opleiding brede basis. De verpleegafdeling bestaat uit 40 bedden. Er werkt een enthousiast team. U helpt bij het onderzoek en de behandeling van patiënten en verricht ook administratieve taken.

Geboden Een collegiale werksfeer, honorering afhankelijk van ervaring, volgens FWG 45/50, tot maximaal € 2.359 bruto per maand bij een 36-urige werkweek. Arbeidsvoorwaarden volgens de CAO-ziekenhuiswezen.

Schriftelijke sollicitaties binnen 10 dagen richten aan
Ziekenhuis Ten Bos
Postbus 912, 5723 OP Amstelveen.
Meer informatie bij Helen den Uyl,
telefoon (090) 234 83 00.

② **Je eigen baas.**
25° in de schaduw en wij noemen het werk!

Wil jij een zomer lekker in het buitenland zijn, veel mensen leren kennen en je talen verbeteren? Solliciteer dan naar onderstaande functie.

Kinderanimator (m/v)

Wij verwachten een enthousiaste, flexibele en servicegerichte instelling. Verder spreek je goed Engels en één van de volgende talen: Frans, Duits of Italiaans. Uiteraard bieden wij vooraf een uitgebreide training. Wij bieden: € 550 netto per maand, accommodatie, verzekering, volledige reiskostenvergoeding. Ben je tussen 18 en 88 jaar en beschikbaar in de periode van april tot oktober?

Schrijf of bel dan voor een uitgebreide functie-omschrijving en een sollicitatieformulier naar

Fun Holidays, t.a.v. Nicole van Hoorn
Postbus 443, 9932 LF Meppel
telefoon (075) 994 25 50.

Les 7

	①	②
functie		
taken		
functie-eisen		
salaris		
arbeidsvoorwaarden		
inlichtingen		
sollicitatiewijze		

Nederland – *ander*land

Wim van der Meij

Wim van der Meij (1949) is beeldend kunstenaar, om precies te zijn: etser.

Het onderwerp van bijna al zijn etsen is het Nederlandse landschap met zijn polders, steden, rivieren, bomen en schepen.

Zijn etsen zijn tot in de kleinste details uitgewerkt en geven door compositie en standpunt een interessant beeld van de typische landschappen.

Wim van der Meij is geboren en opgegroeid in de Bollenstreek (Zuid-Holland). Hij is in 1977 met zijn opleiding begonnen en heeft cursussen aan de Vrije Academie en een avondcursus aan de Koninklijke Academie in Den Haag gevolgd, waar hij in 1983 eindexamen heeft gedaan. Sinds 1986 is hij als zelfstandig etser werkzaam, eerst in Alphen a/d Rijn, en daarna in Zutphen. Wim van der Meij heeft geëxposeerd in o.a. Den Haag, Amsterdam, Haarlem en Alkmaar en neemt deel aan belangrijke kunstmarkten.

Tijdens fiets- en wandeltochten heb ik altijd een schetsboekje of een fototoestel bij de hand: op deze wijze verzamel ik „gegevens" voor mijn etsen – een schaduw, een zonovergoten zandpad of een sloot die meent dat hij een miniatuur IJssel is. In het atelier voeg ik de karakteristieke elementen samen tot een compositie die ik interessant vind. De meeste landschappen die ik op deze manier maak, bestaan dus niet in werkelijkheid.

Samenvatting

Grammatica

Berufsbezeichnungen

männlich	weiblich
agent	agente
leraar	lerares
apotheker	apothekeres
verkoper	verkoopster
chauffeur	chauffeuse
(secretaris)	secretaresse
groenteboer	(groenteboer)

Hij werkt daar **al** zeven jaar.

>>schon<<

Uitdrukkingen

En bevalt het jullie hier in Nederland?
Jammer dat het weer niet zo meewerkt!
Zijn jullie voor het eerst in Nederland?
Ik ken Nederland allang.
Dat valt wel mee.
Dan heb je je handen vol! – Ja, zeg dat wel!
Over een jaar …
Wat voor werk doet u/doe je?
Ik werk bij een bedrijf/op school/op kantoor/in een fabriek/in een winkel.

Ik heb trek in patat!

Basiswoorden: eten en drinken
Essen und Trinken

 Wat past bij een café, wat bij een snackbar/patatkraam?
Wat past bij allebei?

het pilsje • het glaasje fris • uitsmijter • bitterballen • frikadel • het gebak

cola • spa • koffie • soep • het ijsje • patat • fooi • tosti • thee • borrel

de pils	het pilsje	+ je
het glas	het glaasje	
de borrel	het borreltje	+ tje
het café	het cafeetje	

	café	snackbar/patatkraam
eten		
drinken		

Basiswoorden: eten en drinken

 2 Luister. 24

Kruis aan of de mensen op het terras iets te eten of te drinken bestellen.

	eten		drinken	
	iets	niets	iets	niets
gast 1				
gast 2				
gast 3				
gast 4				
gast 5				

➡ *Gast nummer één drinkt iets maar hij eet niets.*

 3 En u?

Heeft u wel eens in Nederland of in België gegeten? Heeft u iets bij een snackbar/patatkraam gehaald of heeft u in een (eet)café gegeten? Vraag het ook aan uw medecursisten.

➡ *Heeft u/Heb je wel eens in Nederland of in België gegeten?*
– Ja, maar pas één keer. / Ja hoor, vaak. / Nee, nog nooit.

Wat heeft u/heb je gegeten? Weet u/je dat nog?
– Ik heb ... gegeten.
En wat heeft u/heb je gedronken?
– Ik heb ... gedronken.

Aandacht voor: iets bestellen

 4 Dialoog: Bij een patatkraam

Greetje:	Ik krijg langzamerhand trek.
Jaap:	Zullen we ergens gaan zitten?
Greetje:	Nou, dat hoeft voor mij niet.
	Ik heb trek in patat.
Jaap:	Ik ook wel. Kijk eens, daar op de hoek
	is een patatkraam.
	...
verkoper:	Meneer?
Jaap:	Twee patat graag, één met mayonaise
	en één met pindasaus.
verkoper:	Groot, middel of klein?
Jaap:	Wat wil jij, Greetje?
Greetje:	O, dat maakt niet uit; doe maar middel.
Jaap:	Oké, één middel dan met mayonaise en
	voor mij een grote portie met pindasaus.
verkoper:	Anders nog iets?
Jaap:	Nee, verder niets.
verkoper:	Dat is dan € 3,20.
Jaap:	Alstublieft.
verkoper:	Vijf en vijf is tien – en bedankt hoor!
Jaap:	Dag!

	klein	middel	groot
Patat			
Zonder	1.00	1.25	1.60
Mayonaise, ketchup, curry	0.10		
Pindasaus	0.25		
Shoarma			
Broodje shoarma	3.50		
Broodje shoarma + kaas	3.75		
Broodje kip	4.00		
Diverse uitsmijters	3.20		
Snacks			
Frikandel	1.75		
Braadworst	1.60		
Bal gehakt	1.60		
Bamihap, nasihap	1.25		
Diverse frisdranken	1.00 blik		
Koffie	1.00		
Thee	1.00		
Melk	0.90		
Milkshakes	klein	middel	groot
vanille, banaan, chocolade	1.50	2.00	2.50
frambozen, mango			

Aandacht voor: iets bestellen

 Dialoog: In een café 26

Pieter:	Heb je ook zin in een kopje koffie?
Ellen:	O ja, goed idee.
Pieter:	Om de hoek heb ik een gezellig café gezien.
Ellen:	Ja, dat ken ik. Daar ben ik vorige week nog geweest.
	…
ober:	Mevrouw, meneer, zegt u het maar …
Ellen:	Ja, twee kopjes koffie graag.
Pieter:	Wat heeft u voor gebak?
ober:	Vandaag hebben we appelgebak en boterkoek.
Pieter:	Geeft u mij maar een stukje appelgebak – en een spa, alstublieft.
ober:	U ook nog iets erbij, mevrouw?
Ellen:	Ik neem ook appelgebak.
	…
Pieter:	Kunnen we afrekenen?
ober:	Ja, ik kom zo.
	…
ober:	Zo, twee appelgebak en twee koffie: dat wordt dan zes vijftig bij elkaar, alstublieft.
Pieter:	En mijn spa nog!
ober:	O ja, die ben ik vergeten. Dat wordt dan zeven vijfenzeventig, alstublieft.
Pieter:	Alstublieft. Doet u maar acht.
ober:	Dank u wel en een prettige dag nog!
Pieter:	Dank u wel. Tot ziens!

Les 8

AFTERNOON TEA	12,00			KOFFIE/THEE/WATER	
15.00 uur – 18.00 uur	complet			koffie	1,25
				cappuccino	1,75
thee naar keuze				koffie verkeerd	1,50
• sandwiches		**BROODJES**		thee	1,25
• taarten		tartaar	2,50	mineraalwater	
• chocolade		rosbief	2,75	met en zonder prik	1,25
• scones, jam & cream		oude kaas	2,50	appelsap	1,50
		gekookte ham	2,50		
		paté	2,75	**TAPBIER**	
SOEPEN				Heineken pils	1,50
tomatensoep		**GEBAK**		De Koninck	2,00
met basilicum	2,75	taartpunten	vanaf 2,00		
Chinese bamisoep	4,75			**WIJN**	
boerensoep	2,75	U kunt ook een kijkje nemen in de gebakvitrine!		Huiswijn wit	2,00
				Pinot blanc	per glas
KOUD				Gascogne	
salade met geitenkaas	5,50			Huiswijn rood	2,00
salade met avocado	4,25			Roussillon	per glas

Aandacht voor: iets bestellen

 Zet de volgende zinnen in de goede volgorde.

Het gaat om een beschrijving van dialoog 4 en dialoog 5.

	De vrouw is het ermee eens.
	Ze bedanken en zeggen gedag.
	Ze bestellen iets te eten/drinken.
1	Twee mensen lopen op straat.
	Ze willen betalen.
	Ze gaan iets eten/drinken.
	De man doet een voorstel.
	De verkoper/ober vraagt of ze nog iets willen.

7 Soms zeg je het anders ...

Schrijf op. Welke woorden, uitdrukkingen en zinnen
uit de dialogen zijn informeel en welke zijn formeel?
Kunt u zeggen waarom?

informeel	formeel

 Waar gaat het om? Vul het juiste woord in.

snackbar	café	terras	ijsje	pilsje	gebak

1. koud	zomer	zoet	....
2. biljarten	vrienden ontmoeten	borreltje drinken	....
3. dorst	bitter	glas	....
4. vlug iets eten	vette vingers	niet zo duur	....
5. zoet	fruit	slagroom	....
6. mensen zien	in het zonnetje zitten	iets gebruiken	....

Een stapje verder

 Wie zegt wat?

Doet u maar (voor mij) ...

Dat was het?

Ik wil graag afrekenen.

Elf euro vijftig bij elkaar.

Wilt u nog iets drinken?

Ik neem ...

Heb je iets gevonden?

Alstublieft.

Hebt u een keuze gemaakt?

Ik kom zo bij u.

Heeft het gesmaakt?

Smakelijk eten!

Dank u wel.

Laat maar zitten.

gast

ober/serveerster

Een stapje verder: een voorstel doen

 10 **Wat hoort bij elkaar?**

Ik ben moe
Ik heb nog maar vijf euro.
Er is daar bijna nooit plaats.
Ik heb trek in Italiaans.
Ik heb honger.
Ik weet niet wat ik wil.
Ik heb zin in een pilsje.
…

Zal ik dan maar een voorstel doen?
Zullen we ergens gaan eten?
Zal ik dan wat uit de muur halen?
Zal ik iets bij „Carlo" gaan halen?
Zullen we ergens gaan zitten?
Zullen we naar een café gaan?
Zal ik opbellen en proberen een tafel te reserveren?
…

 11 **Zoek in de dialoog …**

Met 'zal/zullen' kunt u een voorstel doen.
Hoe ook nog? Zoek in de dialogen op pagina 68 en 69.

 12 **Speel nu de scène.**

Eén cursist heeft een patatkraam, een tweede is ober in een café. De andere cursisten willen een hapje eten en wat drinken! Waar heeft u trek in? Gebruik het bord op pagina 68 of de kaart op pagina 69. Smakelijk eten!

Extra: Nederlandse gezegden

gezegde (het ~, -n of -s) 1 vaste manier om iets te zeggen • dat loopt in de soep = dat gaat mis

13 Wat hoort bij elkaar?

a) **Kies bij elk gezegde het juiste plaatje.**

-   Dat is ouwe koek
-   Dat is geen zuivere koffie
-   Je de kaas niet van het brood laten eten
-   Het is weer koek en ei
-   Ergens geen kaas van gegeten hebben

b) **Kies nu de juiste omschrijving.**

-   Dat is verdacht, niet te vertrouwen
-   Met hen is nu alles in orde
-   Hij heeft er geen verstand van
-   Dat is allang bekend
-   Je moet je niet laten afnemen wat je toekomt

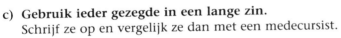

c) **Gebruik ieder gezegde in een lange zin.**
    Schrijf ze op en vergelijk ze dan met een medecursist.

14 Welke omschrijving past?

gezegde	omschrijving
1. Dat zal me worst wezen	Iets voor heel weinig geld krijgen
2. Iets met een korreltje zout nemen	Dat komt te laat om nog van dienst te zijn
3. Appels met peren vergelijken	Voor iets de consequenties moeten dragen
4. Een appeltje met iemand te schillen hebben	Dat interesseert me helemaal niet
5. Met de gebakken peren zitten	Iets niet al te letterlijk nemen
6. Dat is mosterd na de maaltijd	Dingen vergelijken die niet te vergelijken zijn
7. Iets voor een appel en een ei kopen	Iemand nog over iets onaangenaams moeten spreken

Vlaanderen – *ander*land

Land van fijnproevers

Overal in Nederland zie je patatkramen met het opschrift 'Vlaamse friet', maar Vlaanderen heeft natuurlijk heel wat meer te bieden wat eten betreft. Vlamingen genieten van een rijke tafel en een lekker glas bier of wijn. Er bestaan bijvoorbeeld ongeveer 450 soorten Belgisch bier. Maar dat kunnen er ook nog meer zijn. Het is namelijk traditie dat voor belangrijke gebeurtenissen zoals een huwelijk een nieuw of speciaal bier wordt gebrouwen.

Als centrum van de wereldhandel heeft Vlaanderen al vroeg kennis gemaakt met allerlei exotische producten. Al in de 16de eeuw hebben kooplieden aardappelen, tomaten,

chocolade en allerlei kruiden en specerijen in het land gebracht. Bovendien heeft Vlaanderen een rijke groentetraditie. Groenten als asperges, spruitjes, witloof, doperwten, *kropsla* of *worteltjes* zijn hier ontwikkeld of verfijnd.

Tot voor kort was ook in Vlaanderen de Franse keuken dominant. Nu zetten steeds meer toprestaurants typisch Vlaamse gerechten op de kaart: tomaat met garnalen, konijn met pruimen, stoverij of hutspot. Vaak krijg je er frieten bij – en dat is echt heel wat anders dan in heet vet *gebakken stukjes aardappel*.

Kwaliteit, service en goede smaak vindt de Vlaming belangrijk, niet alleen in het restaurant maar ook bij de slager of de bakker. Op zondag staat hij graag in de rij om bij zijn favoriete banketbakker croissants, broodjes, taartjes en gebak te kun-

nen kiezen. Het aanbod van de meeste patisserieën is groot, en ook dat is vaak sterk regionaal gekleurd: een Antwerpse bakker heeft een ander assortiment dan zijn Brugse collega.

'Wij Nederlanders hebben altijd vanuit een calvinistisch standpunt gegeten. ... Maar de Belgen zijn katholiek.'

'Als het om lekker eten gaat hebben de Belgen altijd met de rug naar Nederland en met het gezicht naar Frankrijk gestaan.'

Naar publicaties van het Ministerie van de Vlaamse Gemeenschap en de Europese Commissie
Citaten: Jo Wijnen, 'Het goede leven in België', Dagblad de Limburger

Samenvatting

Grammatica

Verkleinerungsformen

de pils	het pilsje	**+ je**
het glas	het glaasje	

de borrel	het borreltje	
het café	het cafeetje	**+ tje**
de fooi	het fooitje	

Hilfsverb

zullen

ik	zal	we/wij	
je/jij	zal/zult	jullie	zullen
	zal je/zul je?		
hij / ze/zij / het	zal	ze/zij	

u   zult/zal

Zullen we ergens **gaan zitten**?

Wil je nog **iets**? Nee, ik wil **niets**.

BELGIQUE-BELGIË 0,84

Uitdrukkingen

Zullen we ergens gaan zitten?
Ik heb trek in patat.
Twee patat, graag.
Dat maakt niet uit.
Doet u/Doe maar (voor mij) …
Eén patat met, alstublieft.
Kunnen we afrekenen?
Doet u maar (acht).
Smakelijk eten.
Ze is het ermee eens.

informeel

Bedankt/Dank je wel.
Alsjeblieft.

formeel

Dank u wel.
Alstublieft.

Pardon, weet u misschien waar...?

 Waar staat de toerist(e)?

op het plein   in de telefooncel   bij de bushalte   voor de VVV
achter het standbeeld   onder de brug   naast het stadhuis   tussen de auto's
aan de gracht   tegenover de kerk

1. Hij staat in de telefooncel.
2. Zij zit ...
3. ....
4. ....
5. ....

6. ....
7. ....
8. ....
9. ....
10. ....

Basiswoorden: richtingaanduiding

 2 **Wat bedoelt hij?**

daar ● links(af) ● rechts(af) ● rechtdoor ● over ● terug

Les **9**

3 **Wat hoort bij elkaar?**

rechtsaf	ver weg
rijden	om de hoek
naar boven	aankomen
rechtdoor	linksaf
in	naar beneden
vlakbij	uit
vertrekken	naartoe
vandaan	lopen

Aandacht voor: de weg vragen

 4 **Dialoog: Een toerist in Delft** 27

toerist:	Hallo, ik zoek de VVV.
passant:	Sorry, wat zeg je?
toerist:	Kun je me zeggen waar de VVV is?
passant:	Oh, dat weet ik ook niet. Ik woon hier niet.
	Je kunt het maar beter even
	aan iemand anders vragen.
toerist:	Oké, bedankt! Dag.
passant:	Doei!
toerist:	Pardon mevrouw, bent u hier bekend?
passant 2:	Ja zeker.
toerist:	Weet u misschien waar de VVV is?
passant 2:	Even kijken hoor. Ja, die is hier vlakbij.
toerist:	Pardon?
passant 2:	Ik bedoel, nog maar een klein stukje lopen, dan bent u er al.
	Wacht even, ik heb toevallig een plattegrond bij me.
toerist:	Oh, dat komt goed uit!
passant 2:	Kijk, we staan nu hier, in de Nieuwstraat. U loopt een klein stukje rechtdoor.
	Dan de tweede straat rechts, de eerste links en dan komt u op de markt.
	Daar is de VVV – precies tegenover de Nieuwe Kerk.
toerist:	Dank u wel, mevrouw!
	O ja, weet u misschien ook welke bus ik moet nemen naar het station?
passant 2:	Ja, er zijn er drie: lijn 60, 61 en 62. En de bushalte is vlak naast het stadhuis.
toerist:	Fijn, dank u wel.
passant 2:	Graag gedaan hoor – en nog veel plezier in Delft!
toerist:	Dank u. Dag!

 5 **Vul de goede uitdrukking uit de dialoog in.**

Hoe kunt u op straat ...?	informeel	formeel
1. iemand aanspreken		
2. de weg vragen		
3. zeggen dat u iets niet verstaat		
4. bedanken		
5. afscheid nemen		

 6 **Naar welk(e) woord(en) in de dialoog verwijzen de onderstreepte woorden?**

1. Oh, <u>dat</u> weet ik ook niet.
2. Ja, <u>die</u> is hier vlakbij.
3. Nog maar een klein stukje lopen, dan bent u <u>er</u> al.
4. Dan de tweede straat rechts, <u>de eerste</u> links en dan komt u op de markt.
5. Ja, er zijn <u>er</u> drie: lijn 60, 61 en 62.

Aandacht voor: de weg vragen

 7 **Stel de volgende vragen aan een medecursist.**

Schrijf de antwoorden op en vertel het dan aan de klas.

1. Is er bij u/jou in de stad een VVV?
2. Zijn er bij u/jou in de buurt interessante bezienswaardigheden?
3. Hoe kun je daar het beste komen – met de fiets, auto, bus, tram, metro of met de trein? Of kun je er het beste naartoe lopen?

➡ *Jens woont in … en daar zijn veel bezienswaardigheden.*
Er is geen VVV, maar wel een mooie kerk.
Dat is makkelijk te lopen.

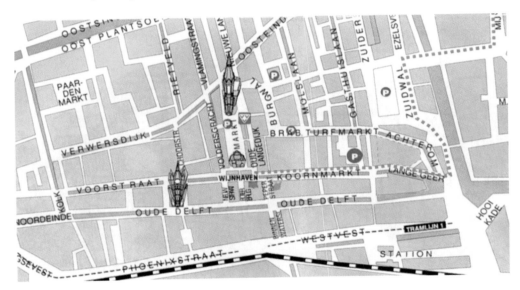

 8 **De weg wijzen**

Pardon, waar is de/het (dichtstbijzijnde) …?

Die/Dat is hier	aan uw linkerhand/rechterhand. aan de linkerkant/rechterkant. linksaf/rechtsaf. rechtdoor. om/op de hoek. naast het hotel. tegenover de bank. in de Nieuwstraat. twee huizen verder(op).		
		– Gaat u	alsmaar rechtdoor. de volgende straat links. de tweede rechts.
		– U komt dan	langs een hoge flat/ziekenhuis. bij een kruispunt.
		– U rijdt	over de brug. langs het water. door de tunnel.

Een stapje verder

 Waar is de Korenmarkt?

Cursist A: U kijkt op deze pagina.
Cursist B: U kijkt op pagina 178.

Cursist A: U staat voor het station en zoekt:
1. het stadhuis   2. de Voorstraat   3. het museum   4. een hotel.
Uw partner weet waar dat is. Gebruik volgende zinnen:

➲ *Pardon mevrouw/meneer,*   *waar is de ...?*   *– Ja, u gaat ... en dan ...*
                              weet u waar ... is?   *U komt langs/door ...*
                              ik zoek het/een ...?   *Dan gaat u ...*

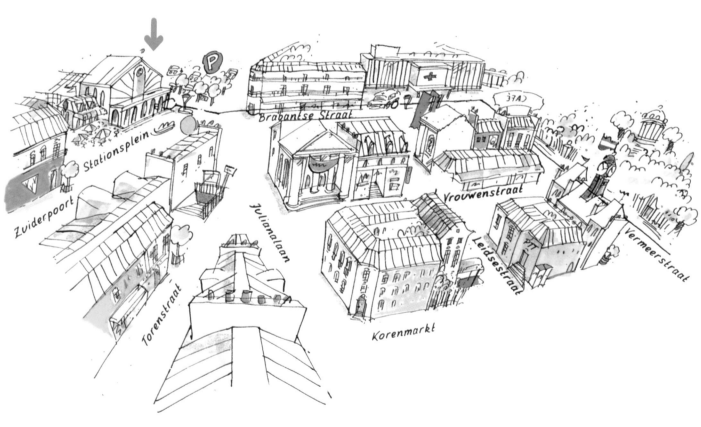

 Luister. 28

Een toeriste vraagt voor het station om inlichtingen.
Kijk naar het plaatje en markeer waar ze naartoe wil.

Waar is   1. een telefooncel?   2. het Vondelplein?   3. het politiebureau?

Extra: kleuren

roze   groen

geel

bruin   beige

lichtblauw   donkerblauw   paars   rood   oranje   wit   zwart

11   Welke kleur heeft ...?

bij ons   in Nederland

een glasbak
een politieauto
een telefooncel
een bestelbus van de post
...

➡ *Bij ons zijn de glasbakken groen en in Nederland beige.*
   – Wij hebben ook beige glasbakken!

12   Waar is de fiets?

Let op!
rood → een **rode** fiets
geel → een **gele** auto

naast de geldautomaat ⚪ onder de boom ⚪ in de gracht ⚪ achter de bank
voor het postkantoor ⚪ tegen de glasbak ⚪ tussen twee brommers ⚪ op het trottoir

1. *De groene fiets staat onder de boom.*   2. *De rode fiets ligt ...*

13   En u?

Vraag aan uw partner alles over kleuren. Probeer zo veel mogelijk te weten te komen.

➡ *Wat is uw/jouw lievelingskleur?   Welke kleur heeft uw/jouw auto/fiets/poes/...?*

Les
9

Nederland – *ander*land

Dat Nederland veel meer te bieden heeft dan tulpen en klompen, weten de meeste toeristen, die er ooit geweest zijn.

De grote steden hebben elk hun eigen karakter. Amsterdam trekt in eerste instantie de meeste toeristen met zijn historisch centrum, musea, grachten en prachtige huizen. Maar ook de steden Den Haag, Delft, Haarlem, Utrecht, Groningen en Maastricht hebben elk hun historische gebouwen en monumenten, musea, tradities en evenementen. (In totaal heeft Nederland met bijna 1000 musea de grootste museumdichtheid ter wereld.) Rotterdam, wereldhavenstad nummer één kenmerkt zich door opvallende moderne architectuur, zoals de kubuswoningen, de gebouwen langs de Maasboulevard en de Erasmusbrug, bijgenaamd 'de Zwaan'.

Nederland is natuurlijk ook hèt bloemenland. De bollenvelden in Noord- en Zuid-Holland, met narcissen, hyacinten en tulpen, zijn wereldberoemd en trekken jaarlijks vele honderdduizenden toeristen. Het bloemenseizoen begint in maart en eindigt in september. Gedurende het hele jaar trekken de bloemencorso's en de bloemenveilingen van Aalsmeer en Naaldwijk veel bezoekers.

Per jaar bezoeken meer dan 9 miljoen toeristen uit alle delen van de wereld ons land. Ruim een derde van de bezoekers is afkomstig uit Duitsland. Het toerisme levert Nederland jaarlijks 23 miljard euro aan omzet op; de buitenlandse toeristen alleen besteden meer dan 6 miljard euro per jaar in Nederland. Dat is meer dan de exportwaarde van bv. de bloemen en planten en maakt toerisme tot een belangrijke economische factor.

Naar een publicatie van het Ministerie van Buitenlandse Zaken

Samenvatting

Grammatica

Präpositionen

achter	bij	in	naast	onder
op	tegen	tussen	voor	tegenover

Adverbien

daar	links(af)	rechts(af)
rechtdoor	terug	boven	beneden

Wortfolge

Weet u **waar** de VVV **is**?

Imperativ

Wacht (u) even.
Kijk, we staan nu hier.

er – Ortsangabe

Een klein stukje lopen, dan bent u **er** al.

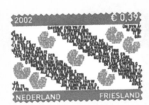  

Uitdrukkingen

Hij staat voor de VVV.
Zij zit op de bank.

Pardon mevrouw/meneer, bent u hier bekend?   – Ja, u gaat … en dan …
waar is …?   U komt dan bij/langs/door …
weet u waar … is?   Dan gaat u …
ik zoek …?   – Even kijken, hoor.
– Wacht even.
– Oh, dat weet ik ook niet, ik woon hier niet.

Dank u wel (, mevrouw/meneer)!

Les 9

Lekker met de trein!

Basiswoorden:
vrijetijdsbestedingen
Freizeitbeschäftigungen

1 Wat hoort bij elkaar?

reizen ● fietsen ● zwemmen ● naar de bioscoop gaan ● tuinieren
tennissen ● winkelen ● naar het theater/een concert gaan ● lezen ● wandelen
televisie kijken ● naar muziek luisteren

2 Schrijf nu een paar dingen op die u (niet) leuk vindt/graag doet.

+
Ik vind tuinieren leuk.
Ik ga graag naar de bioscoop.
Ik fiets graag.

–
Ik vind computeren niet leuk.
Ik ga niet graag naar het theater.
Ik winkel niet zo graag.

Basiswoorden: vrijetijdsbestedingen

 3 **Zoek iemand die graag ...**

naam van de cursist

naar de bioscoop gaat.

auto rijdt.

tuiniert.

zwemt.

winkelt.

fietst.

voetbalt.

brieven schrijft.

uit eten gaat.

schaatst.

computert.

...

> Gaat u/Ga je graag naar de bioscoop?
> – Ja, ik ga heel graag naar de bioscoop.
> – Nee, ik ga niet (zo) graag naar de bioscoop.

Uit is in.

Lekker een bioscoopje pikken.

- Met de trein direct naar hartje centrum.
- Geen parkeerproblemen.
- Eventueel met de nachttrein terug.
- OV Reisinformatie: 0900-9292 (30 ct/min).

ieder z'n trein

Let op!
graag ➡ liever

 4 **Vertel het aan de klas.**

Wat doen uw medecursisten (niet) graag?
Schrijf twee zinnen op zoals in het voorbeeld
en lees die dan aan de anderen voor.

> Joachim rijdt graag auto, maar hij vindt tuinieren niet leuk.
> Sabine rijdt niet zo graag auto, ze gaat liever met de trein.

Aandacht voor: een standpunt innemen

 5 Dialoog: Met de trein of met het vliegtuig?

Erik:	En, ga je mee naar Wenen?
Ria:	Nou, Wenen is erg leuk, maar ik denk het niet.
Erik:	Waarom niet?
Ria:	Dat weet je toch!
Erik:	Je wilt niet vliegen?
Ria:	Precies!
Erik:	Waarom doe je daar nou zo moeilijk over?
Ria:	We kunnen toch ook lekker met de trein! Waarom moeten we eigenlijk vliegen?
Erik:	Omdat je er zó bent met het vliegtuig.
Ria:	Maar het is …
Erik:	Maar met de trein duurt 't de hele dag; zonde van de tijd!
Ria:	We kunnen toch ook met de nachttrein.
Erik:	Nee hoor, dat is niks voor mij! Ik doe geen oog dicht in die trein.
Ria:	Maar je weet toch dat ik bang ben om te vliegen!
Erik:	Ik ben toch bij je!
Ria:	Nou, sorry, maar daar wordt het echt niet beter van!
Erik:	En ík heb geen zin om de hele dag in de trein te zitten!
Ria:	Ja, maar in de trein kun je naar muziek luisteren, eten, slapen, lezen, lekker koffie drinken … Dat kun je in een vliegtuig niet doen.
Erik:	Doe niet zo gek! Natuurlijk kun je dat in het vliegtuig ook.
Ria:	Ja, maar niet als je er zó bent!

6 Vul de argumenten uit de dialoog in.

vóór het vliegen   tegen het vliegen   vóór de trein   tegen de trein

Ria is bang.

             7 Waar of niet waar?

Maak vijf zinnen over het gesprek tussen Erik en Ria.
Uw partner zegt of deze zinnen waar zijn of niet.

➔ *Ria vliegt graag.*
  – Ja, dat is waar. / Nee, dat is niet waar.

Een stapje verder: iets motiveren

 Luister.

a) Op het NS station geven reizigers antwoord op de vraag: 'Gaat u vaak met de trein?'
Luister en kruis het juiste antwoord aan.

reiziger	Ja, regelmatig.	Af en toe.	Nee, (bijna) nooit.
1			
2			
3			
4			
5			

b) Luister nog een keer. Geef aan waarom ze (niet) met de trein gaan.

+	–

… omdat ☐ het sneller gaat. … omdat/hoewel ☐ het (te) lang duurt.

☐ het gezellig is. ▮ het (te) duur is.

☐ ik in de trein kan werken. ☐ de verbinding slecht is.

☐ het milieuvriendelijker is. ☐ de trein (te) vol is.

☐ je geen parkeerplaats ☐ je van het spoorboekje
hoeft te zoeken. afhankelijk bent.

➔ *De eerste persoon gaat niet met de trein omdat het volgens haar te duur is.*

 En u?

Gaat u vaak met de trein? Waarom of waarom niet?
En uw medecursisten?

➔ *Gaat u/Ga je vaak met de trein?*
– Ja, regelmatig. / Af en toe. / Nee, (bijna) nooit.
En waarom?
– Omdat …

10 Vertel het aan de klas.

➔ *Anja gaat niet met de trein omdat de verbinding zo slecht is.*
Je moet twee keer overstappen!
Gerd vliegt graag omdat je er zó bent.

Een stapje verder: woordenschatoefening

 **Vul het werkwoord in.**

U heeft nu in de eerste tien lessen veel werkwoorden geleerd. Probeer ze zo te herhalen:

dingen die je op je werk en thuis doet

dingen die je op je **werk** doet

dingen die je **thuis** doet

... of zo:

dingen die je **'s morgens** doet

dingen die je 's morgens, 's middags en 's avonds doet

dingen die je **'s middags** doet

dingen die je **'s avonds** doet

... of kunt u met een medecursist andere mogelijkheden bedenken, om de werkwoorden te groeperen?

12 **Aan welke woorden denkt u bij ...?**

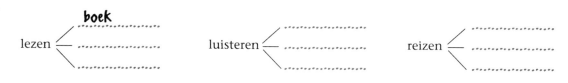

boek

lezen .... luisteren .... reizen ....

Extra: de rangtelwoorden

13

1e	eerste	6e	zesde	11e	elfde	21e	eenentwintigste
2e	tweede	7e	zevende	12e	twaalfde	30e	dertigste
3e	derde	8e	achtste	14e	veertiende	40e	veertigste
4e	vierde	9e	negende	18e	achttiende	80e	tachtigste
5e	vijfde	10e	tiende	20e	twintigste	100e	honderdste

14 Een puzzel

Zet de letters op de juiste plaats.
Als u het goed doet, staat er een woord uit deze les.

1	2	3	4	5	6	7	8	9	10	11	12	13	14	15	16	17

1. De negende letter is een b.
2. De veertiende letter is een d.
3. De derde letter is een ij.
4. De elfde letter is een s.
5. De zeventiende letter is een g.
6. De zesde letter is een ij.
7. De vijftiende letter is een i.
8. De twaalfde letter is een t.
9. De zevende letter is een d.
10. De tiende letter is een e.
11. De vierde letter is een e.
12. De tweede letter is een r.
13. De zestiende letter is een n.
14. De eerste letter is een v.
15. De dertiende letter is een e.
16. De vijfde letter is een t.
17. De achtste letter is een s.

15 Doe het nu zelf!

Bedenk een woord of een naam en geef uw partner steeds één letter van het woord.

➲ *Mijn woord heeft dertien letters.*
  De vierde letter is een …

Nederland – *ander*land

Sport in Nederland

In Nederland doet men veel en graag aan sport. Voetbal is volkssport nummer één. Met ongeveer één miljoen leden is de voetbalbond de grootste organisatie in het land. Maar ook op het gebied van schaatsen, tennis, volleybal, paardensport en wielrennen spreekt Nederland een aardig woordje mee.

Als we het over fietsen hebben: Nederland beschikt over zoveel fietspaden, dat het in principe mogelijk is het gehele land op de fiets te verkennen. Langs veel wegen staan zgn. paddestoelen – dat zijn kleine stenen zuiltjes – waarop o. a. de ANWB*-fietsroutes aangegeven staan. De fietspaden zorgen ervoor, dat je als fietser met de grootst mogelijke veiligheid aan het verkeer kunt deelnemen. Niet voor niets wordt de fiets het nationale vervoermiddel genoemd!
Maar er wordt ook veel in, op en aan het water gesport! De lange kustlijn biedt volop gelegenheid om watersporten zoals surfen, zwemmen, zeilen en vissen te beoefenen. Ook landinwaarts zijn er veel watersportmogelijkheden: op veel sloten, ringvaarten en meertjes kan men met een zeilboot, kano of motorboot tochten maken door schitterende natuurgebieden.

In de winter verandert dan het scenario: schaatsen is in Nederland heel populair. Als er voldoende ijs ligt, halen de mensen hun schaatsen uit de kast en maken lange tochten over de bevroren sloten.
De beroemdste tocht is de Elfstedentocht in Friesland, een tocht langs elf Friese steden. In 1997 werd hij voor de vijftiende keer gereden. Een unieke gebeurtenis, die niet elk jaar voorkomt, want het moet wel heel behoorlijk vriezen voordat het ijs op dit 220 kilometer lange traject dik genoeg is. 16.000 schaatsers, honderdduizenden toeschouwers en elf mooie Friese steden maken de Elfstedentocht tot een éénmalig evenement.

*Algemene Nederlandse Wielrijdersbond, de naam van de Koninklijke Nederlandse Toeristenbond, te vergelijken met de ADAC in Duitsland. Leuk om te weten, dat uit een wielrijdersbond een grote automobielvereniging ontstaan is!

Samenvatting

Grammatica

Ik lees (niet) graag.　　　　　Leest u (ook) graag?
Ik vind tuinieren (niet) leuk.

Wortfolge

Ik ga vaak met de trein **omdat** ik het gezellig vind.
Zij gaat met de trein, **hoewel** het langer duurt.

Ordinalzahlen

1e **eerste**	6e **zesde**	11e **elfde**	21e eenentwintig**ste**
2e **tweede**	7e zeven**de**	12e twaalf**de**	30e dertig**ste**
3e **derde**	8e acht**ste**	14e veertien**de**	40e veertig**ste**
4e vier**de**	9e negen**de**	18e achttien**de**	80e tachtig**ste**
5e vijf**de**	10e tien**de**	20e twintig**ste**	100e honderd**ste**

Uitdrukkingen

positief beoordelen

Dat is leuk/lekker.
Ik vind … leuk/heerlijk/lekker.
Ik ga graag …
Ik … graag.
Ik hou(d) van …
Dat is (echt) iets voor mij!

negatief beoordelen

Dat is niet (zo) …
Ik vind … niet leuk/heerlijk/lekker.
Ik ga niet graag …
Ik … niet graag.
Ik hou(d) niet (zo) van …
Dat is niets voor mij!
(Het is) Zonde van de tijd!

Ik denk het niet.
Doe niet zo moeilijk/gek!
Zonde van de tijd!
Ja, maar …
Daar wordt het echt niet beter van!
Omdat je er zó bent.
Ga je vaak met de trein?

We gaan verhuizen!

Basiswoorden: de woning
die Wohnung

1 Welke foto past bij welke omschrijving?

1

2

3

4

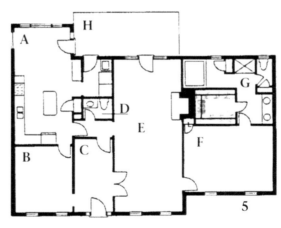

5

6

3-kamerwoning	een gedeelte van een flatgebouw, bestaande uit 3 kamers, keuken, badkamer en toilet
flat	gebouw met veel etages, ook wel een woning in zo'n (flat)gebouw
het vrijstaande huis	een huis met één of meer verdiepingen en een tuin eromheen, meestal voor één gezin
het rijtjeshuis	een huis met 2 gemeenschappelijke muren met de buren, niet vrijstaand
twee-onder-één-kap	twee huizen aaneengebouwd met een doorlopend dak
woonboot	een tot woning omgebouwde boot, bijvoorbeeld in de grachten van Amsterdam

Basiswoorden: de woning

 2 **Kijk nu naar de plattegrond van de flat op pagina 92.**

a) Vul in hoe de verschillende kamers heten.

de keuken	de slaapkamer	de kinderkamer	de gang	de woonkamer
de badkamer	het balkon	de WC/ het toilet	de logeerkamer/werkkamer	

b) En wat kun je daar doen?

eten	spelen	koken	je handen wassen	binnenkomen	lezen	zitten
je kleren ophangen	naar het toilet gaan	knutselen	naar muziek luisteren		

➔ *In de keuken kun je koken en eten. …*

3 **Luister.**  32

Frans en Marijke gaan verhuizen. Ze praten over een nieuwe flat.
Hoe ziet die flat eruit, wat zeggen ze?

	groot/klein		licht/donker		rustig/lawaaierig		gezellig/ongezellig	
woonkamer								
slaapkamer								
badkamer								
keuken								

Is er een balkon/een lift/een garage?
Is de woning duur of goedkoop?

➔ *De woonkamer is groot, gezellig maar nogal donker.*

Aandacht voor: plannen maken

 Dialoog: Een uitnodiging 33

Marijke: Met Marijke de Visser.
Connie: Hoi, Marijke, ik ben 't, Connie. Hoe is het?
Marijke: O, hou op, ik heb het hartstikke druk!
Connie: Waarom, wat ben je dan aan het doen?
Marijke: Ik ben koffers aan het pakken.
Connie: Koffers pakken? Wat ben je van plan?
Marijke: Nou, morgen vliegen we naar Parijs
en over twee weken gaan we verhuizen.
Connie: Jullie verhuizen naar Parijs?
Marijke: Nee, we gaan daar vrienden bezoeken.
We gaan alleen maar een verdieping hoger wonen!
Connie: En waarom gaan jullie verhuizen?
Marijke: Nou, op de derde verdieping is een vierkamerwoning vrij gekomen.
Connie: Wat leuk! Dan hebben jullie één kamer meer. Maar waarvoor ik
eigenlijk bel: komen jullie vanavond een hapje mee-eten?
Ik maak erwtensoep.
Marijke: Hm, lekker, maar we kunnen jammer genoeg niet.
Een vriend van Frans komt ons met schilderen helpen.
Volgende week misschien?
Connie: Jammer! Maar volgende week is ook goed – en veel plezier in Parijs!
Marijke: Ja, bedankt. En tot ziens hè!
Connie: En doe de groetjes aan Frans!
Marijke: Doe ik! Doei!

Let op!
gaan + infinitief

Vul het juiste tijdstip in.

| morgen | vanavond | over twee weken | volgende week |

.... gaat Marijke verhuizen.
.... gaat Connie erwtensoep koken.
.... gaan Marijke en Frans vrienden bezoeken in Parijs.
.... gaan Marijke en Frans misschien bij Connie eten.

Waar of niet waar?

Schrijf vijf zinnen op over het telefoongesprek tussen Marijke en Connie.
Een medecursist zegt of deze zinnen waar zijn of niet.

 Marijke gaat volgende week verhuizen.
– Ja, dat is waar. / Nee, dat is niet waar.

Aandacht voor: plannen maken

 7 En u?

Wat gaat u na de Nederlandse les doen of wat juist niet?
Schrijf een paar dingen op en vraag het dan aan een medecursist.

➡ *Nou, ik ga misschien …*
Ik ga niet …

 8 Zoek iemand die dit weekend …

naam van de cursist

op visite gaat.

boodschappen gaat doen.

naar de bioscoop gaat.

vrienden gaat helpen.

naar een feest gaat.

naar een andere stad gaat.

uit eten gaat.

…

➡ *Gaat u/Ga je dit weekend op visite?*
Ja, inderdaad. / Nee, hoor.

Les
11

 9 Vertel het aan de klas.

➡ *Dit weekend*   *gaat Monika naar haar vriendin toe.*
gaat iedereen, behalve Jens, boodschappen doen.
ga ik naar de bioscoop.
gaat Petra vrienden helpen.
gaat niemand naar een feest.
gaat Hilde naar Brugge en Thomas naar Arnhem.
gaat Paul met vrienden uit eten.
…

Een stapje verder

 **10 Luister.** 34

Lees eerst de volgende zinnen.

Iemand is aan het koken.   Iemand is aan het pianospelen.

Iemand is aan het zingen.   Iemand is aan het douchen.

Iemand is aan het telefoneren.   **|** Iemand is aan het timmeren.

Iemand is aan het stofzuigen.   Iemand is aan het zagen.

➲ *In situatie 1 is iemand aan het …*

Let op!

aan + het + infinitief

11 Wat doen ze?

➲ *Op foto 1 is een vrouw aan het …*

12 Wat doe ik nu?

a) Beeld een activiteit uit.
De medecursisten moeten raden wat u aan het doen bent.

➲ *Eh, bent u/ben je misschien aan het zwemmen?*
– Ja, dat klopt! / Nee, dat is het niet!

b) Beeld nu een activiteit samen met een partner uit.
De medecursisten moeten raden wat jullie aan het doen zijn.

➲ *Eh, zijn jullie misschien aan het tennissen?*
– Ja, dat klopt! / Nee, dat is het niet!

Extra: vergelijken

oud	⟹	ouder	goed	⟹ beter
mooi	⟹	mooier	veel	⟹ meer
groot	⟹	groter	weinig	⟹ minder
duur	⟹	duurder		

Deze flat is **groter dan** die van mij.
Mijn flat is **net zo groot als** de flat in de advertentie.

 14 Lees de volgende advertentie en vergelijk dit huis met uw huis/woning.

➔ *Dit huis is kleiner dan mijn huis, maar het is ook goedkoper.*

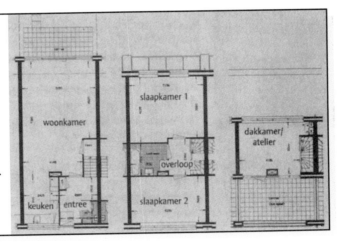

Woningtype B

- woonkamer met open keuken
  (totaal ca. 45 m²)
- 2 grote slaapkamers
  (ca. 22 en 15 m²)
- complete badkamer
- zolderkamer (ca 13 m²)
  met mogelijkheid voor dakterras

Prijzen vanaf ca. € 210.000,- v.o.n.

15 En u?

Stel een medecursist vragen over zijn/haar woning en schrijf de antwoorden op.

➔ *Hoe groot is uw/jouw woning?*
Hoeveel kamers heeft uw/jouw woning?
Woont u/Woon je in het centrum of meer buitenaf?
Wat voor uitzicht heeft u/heb je aan de voorkant/achterkant?
Woont u/Woon je boven of beneden? Op welke verdieping?
Heeft de woning een tuin/balkon/kelder/zolder/fietsschuur?
Zijn er winkels/scholen/artsen/sportvoorzieningen in de buurt?
Hoe is het openbaar vervoer? Is er een bus-/tramhalte/station vlakbij ?
*Bent u/Ben je tevreden met uw/je huis/woning of wilt u/wil je liever een andere
woning/een ander huis?*

16 Vertel het aan de klas.

➔ *Martin heeft een nieuwe woning met ... kamers.*
Die is groter dan zijn oude woning maar heeft geen balkon.
Hij woont nu in het centrum. ...

Nederland – *ander*land

Ze hebben hier helemaal geen gordijnen!

Dat hoor je eigenlijk van de meeste mensen, die voor het eerst een bezoek aan Nederland brengen. Maar hoe ervaar je Nederland als je er zelf een tijdje hebt gewoond? Lees nu de meningen van enkele Duitse studenten over het thema 'wonen in Nederland'.

Nederland is het land van de grote ramen zonder gordijnen. Tijdens een wandeling langs de grachten kon ik de verleiding niet weerstaan opa Kees bij het tv-kijken gade te slaan of de gezellige inrichting van de familie Schaeffer te bewonderen. Nederlanders schijnt deze nieuwsgierigheid niet te storen. Integendeel: maar al te graag maken ze anderen deelgenoot van hun leven. En het is juist deze openheid die de Nederlanders voor mij zo sympathiek maakt.
(Kristine H., Hannover)

Wonen in Nederland, dat betekent wonen met veel licht en weinig ruimte. Maar de weinige ruimte die voor iedereen in zo'n klein land overblijft, wordt functioneel gebruikt. Waar alles klein is, daar zijn juist de kleine dingen zo belangrijk en dat is misschien een reden waarom Nederlanders zo'n bijzonder gevoel voor details hebben. Buren zijn er altijd en overal. De verstandhouding is niet altijd even hartelijk, maar ja …
(Veit Sch., Stuttgart)

Steile smalle trappen – die naar de bovenste etage van pittoreske oude huizen leiden – dat is mij als eerste in Nederland opgevallen. En hoe het in hemelsnaam mogelijk is een hoogslaper in een piepklein studentenkamertje te krijgen. Dit kun je allemaal aan de buitenkant zelf zien. Daarom zegt een avondwandeling door een doorsnee straat meer over de Nederlandse woonsituatie dan wat voor theorie ook!
(Gerd S., Dahlsheim)

'Heb je zin in een terrasje?' Dat dit geen vraag van een architect aan de opdrachtgever is, heb ik in Amsterdam vlug geleerd. Gezellig op een terrasje zitten, alleen of in gezelschap, dat doet men het liefst op één van de talloze terrassen van de (eet)cafés en lunchrooms die je overal vindt. Zoals je het anders alleen maar in het Zuiden tegenkomt, wordt hier in Nederland de stad als één grote woonkamer gebruikt.
(Petra L., Düsseldorf)

Binnen wonen is in Nederland belangrijk, omdat het buiten vaak koud is, regent en waait. Het leven speelt zich dus voornamelijk binnenshuis af. Om toch zo veel mogelijk van de buitenwereld te kunnen zien, zijn de ramen in Nederlandse huizen vaak erg groot. Zo hoeven de bewoners niets van wat er op straat gebeurt te missen. Natuurlijk zitten de bewoners ook zelf te kijk. Dit effect wordt 's avonds versterkt, omdat de meeste Nederlanders hun gordijnen (als ze ze hebben) ook dan open laten.
(Hans P., Regensburg)

Samenvatting

Grammatica

Futur

Morgen vliegen we naar Parijs. *mit Präsens + Adverb*

Ik	ga
Je/Jij	
Hij / Ze/Zij	gaat
Het	
U	
We/Wij	
Jullie	gaan
Ze/Zij	

verhuizen.   Ga jij ook verhuizen?

mit »gaan« + Infinitiv

Adverbiale Bestimmungen

morgen   vanavond   over twee weken   volgende week

Ze is **aan het** tennissen.
We zijn **aan het** schilderen.

Steigerung von Adjektiven

Martins nieuwe woning is **groter dan** zijn oude.
Mijn woning is **net zo duur als** die van Barbara.

Uitdrukkingen

Ik heb het (hartstikke) druk!

Wat ben je van plan?

Zijn ze aan het schilderen?

Over twee weken gaan we verhuizen.
– Wat leuk!

Komen jullie vanavond een hapje mee-eten?
– Graag, maar we kunnen jammer genoeg niet.
– Jammer! Maar volgende week is ook goed – en veel plezier!

op visite gaan
naar iemand toe gaan

Wat zijn jullie aan het doen?

Wij woonden in een gezellig huisje

Basiswoorden: meubels
Möbel

Wat hoort bij elkaar?

het bijzettafeltje

lamp • boekenkast • bank • het bureau • de makkelijke stoel • kast • tafel
het vloerkleed • stoel • het bed • het bijzettafeltje ✔

Aandacht voor: vroeger bij ons thuis

 2 **Welke andere meubels horen er nog bij?**

 Luister. 35

Anneke vertelt hoe ze woonde toen ze klein was.
Kruis het juiste antwoord aan.

1. Waar woonde Anneke?
   - in een grote stad
   - op het platteland

2. Woonde Anneke in een huis of in een flat?
   - huis
   - flat

3. Met z'n hoevelen waren ze thuis?
   - met z'n drieën
   - met z'n vieren

4. Hoe was haar kamer?
   - groot   klein
   - licht   donker
   - gezellig   ongezellig

5. Wat stond er allemaal in haar kamer?
   - een bed
   - een kast
   - een nachtkastje
   - een lamp
   - een bureau
   - een stoel

6. Wat deed Anneke altijd in haar kamer?
   - Ze luisterde naar muziek.
   - Ze maakte haar huiswerk.
   - Ze schreef in haar dagboek.

7. Wat mocht ze niet op haar kamer doen?
   - eten
   - met haar vriendinnen spelen

Les **12**

Aandacht voor: vroeger bij ons thuis

4 **Waar staan de meubels?**

⊃ *Het bed staat in de slaapkamer.*   *Een stoel staat voor het bureau.*

5 **Lees de volgende teksten.**

Welke tekst gaat over het huis hierboven, tekst 1 of 2?

1 **Henny vertelt:** Mijn grootouders woonden in een klein huis beneden aan de dijk. Ik reed meestal op mijn fiets naar hun toe, alleen als het regende kreeg ik van mijn moeder twee kwartjes voor de bus. Die stopte vlakbij het huisje van oma en opa. Ze hadden toen nog geen badkamer; je waste je gewoon in de keuken. Centrale ver- warming kenden mijn grootouders ook niet. In de woonkamer stond de kolenkachel, die een gezellige warmte verspreidde. Naast de gang was de keuken met het ouderwetse fornuis. Daarboven hing een tegeltje waarop stond: 'Oost West – Thuis best'. Boven waren nog twee kleine slaapkamers en op zol- der het kamertje, waar ik altijd sliep als ik bij mijn grootouders logeerde.

2 **Mevr. de Leeuw herinnert zich:** De huizen in onze straat zagen er allemaal hetzelfde uit. Elk huis had een klein voor- en achtertuintje en als je je sleutel ver- geten was, ging je achterom door de tuin, want de achterdeur stond meestal open.
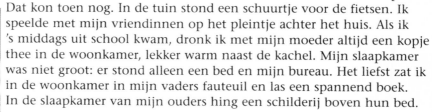
Dat kon toen nog. In de tuin stond een schuurtje voor de fietsen. Ik speelde met mijn vriendinnen op het pleintje achter het huis. Als ik 's middags uit school kwam, dronk ik met mijn moeder altijd een kopje thee in de woonkamer, lekker warm naast de kachel. Mijn slaapkamer was niet groot: er stond alleen een bed en mijn bureau. Het liefst zat ik in de woonkamer in mijn vaders fauteuil en las een spannend boek. In de slaapkamer van mijn ouders hing een schilderij boven hun bed.

Een stapje verder: het imperfectum

6   Het imperfectum (das Imperfekt)

a)   Zoek in tekst 1 en 2 alle werkwoorden op die in het imperfectum staan en <u>onderstreep</u> ze.

b)   Schrijf ze samen met de infinitief op.

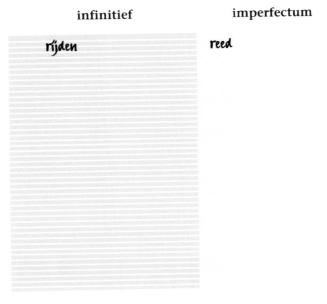

infinitief   imperfectum

rijden   reed

c)   Ziet u twee verschillende groepen?

reed   woonde
sliep

d)   Welke andere werkwoorden gebruik je vaak in het imperfectum?

Een stapje verder: het imperfectum

 7 En u?

Schrijf eerst uw eigen antwoorden op, stel dan dezelfde vragen aan een medecursist.

a) Mijn woning   ik   mijn partner

1. Waar woonde u/je toen u/je nog klein was:
   in een stad
   in een buitenwijk
   in een dorpje
   op het platteland
2. Woonde u/je in een eigen huis of een flat?
3. Hoe groot was uw/jouw gezin?
4. Hoeveel kamers waren er bij u/jullie thuis?
5. Had u/je een eigen kamer?
6. Welke kleur had uw/jouw kamer?
7. Was het een grote of een kleine kamer?

➡ *Woonde u/je in een stad of in een dorp?*   *– Ik woonde in een stad.*

b) Mijn kamer   ik   mijn partner

8. Welke meubels stonden er in uw/jouw kamer?
   Had u/je een bureau/een stoel/...?
   Hingen er foto's/posters/boekenplanken?
   Had u/je planten/een radio/cassetterecorder?
9. Wat deed u/je meestal op uw/je kamer?
10. Vond u/je uw/je kamer leuk?
    Waarom (niet)?

➡ *Stond er in uw/jouw kamer een kast?*   *– Ja, er stond een kast. / Nee, ik had geen eigen kast.*

Een stapje verder: het imperfectum

 Vraag het aan uw medecursisten.

Had u/je vroeger een lievelings- ...?   naam   Wat/Waar/Wie was het?

spelletje/sport
dier
plekje in het huis
vriend(in)
familielid
leraar
dag
...

 Toen ik nog klein was ...

a) Schrijf één of twee dingen op die u ...

goed kon
niet mocht
niet wilde doen (maar moest)
altijd wilde doen (maar niet kon of durfde)

Les
12

b) Vraag nu aan een medecursist.

Wat ...?

kon u/je goed
mocht u/je niet
wilde u/je niet doen (maar moest u/je doen)
wilde u/je altijd doen
(maar kon of durfde u/je niet)

 Vertel het aan de klas.

➡ *Anja kon goed schaatsen en rekenen, maar ze mocht nooit ...*

Extra: het weer

 Wat voor weer was het? Vul in.

Het was winderig/stormachtig.	Het waaide/stormde.
Het was bewolkt.	Er waren wolken.
Het was regenachtig.	Het regende.
Het was zonnig.	De zon scheen.
Het was koud.	
Het was warm.	
Het was mistig.	Er was mist.

Het was lekker/koel/fris.   Het was 6° (= zes graden celsius).

 Welk weerbericht past bij de kaart?

A Vandaag is het vrij helder. De temperaturen bereiken in de middag opnieuw ongeveer elf graden. 's Ochtends kunnen er enkele mistbanken ontstaan in het zuiden. Het blijft overal droog.

B Vanochtend is het grijs met bewolking, nevel en plaatselijk nog wat motregen. Vanmiddag is het droog en klaart het vanuit het westen op. Bij een matige westelijke wind wordt het lenteachtige; negen tot twaalf graden.

C Vanochtend is het wat frisser en stormachtig en er vallen enkele buien. Het waait stevig vanuit het zuidoosten bij temperaturen tussen negen en twaalf graden.

Extra: het weer

 13 **Luister naar het weerbericht.** 36

Wat voor weer verwachtte het KNMI?

a) veel regen en wat bewolking

b) veel bewolking en wat motregen

c) een droge middag

d) een middagtemperatuur van 10°

e) matige oostelijke wind

f) slechter weer vanaf vrijdag

 14 **Hoe was het weer ...?**

- vanmorgen
- gisteren
- vorig weekend

- 's winters toen u nog klein was
- vorig jaar met Kerstmis
- tijdens uw laatste vakantie

 15 **Lente, zomer, herfst of winter?**

Wat is uw favoriete seizoen/maand? En waarom?

januari februari maart *april*
mei juni juli **augustus** september
oktober **november** *december*

Nederland – *ander*land

We schaatsten
zó het raam uit

Als het zo heerlijk winters is buiten, denk ik met weemoed terug aan de tijd dat wij nog op onze woonark woonden. Een huis waarin de lamp boven de salontafel altijd wiebelde, waarin het altijd vochtig was en de beschikbare ruimte te wensen overliet. We hebben er bijna vijftien jaar gewoond. Bijna elk weekeinde kom ik nog even langs de plek waar hij heeft gelegen. Een huis op de vaste wal is best prettig, maar toch heeft het niet dezelfde charmes. Als het gevroren had, was het echt féést. De schaatsen werden in de keuken ondergebonden en we werden zó vanuit het keukenraam op het ijs gezet! Moeder riep ons laat op de middag weer binnen voor een kop heerlijk warme chocolademelk. Ja, dat waren nog eens tijden ...

H. Van Raalten-V.D. Linde, Ens

Samenvatting

Grammatica

Imperfekt

ik je/jij / u hij / ze/zij / het	was/had	we/wij jullie ze/zij	**zijn/hebben** waren/hadden

ik je/jij / u hij / ze/zij / het	speelde/stopte	we/wij jullie ze/zij	**regelmäßig** speelden/stopten

ik je/jij / u hij / ze/zij / het	stond/deed	we/wij jullie ze/zij	**unregelmäßig** stonden/deden

ik je/jij / u hij / ze/zij / het	kon/mocht/moest/ wilde/durfde	we/wij jullie ze/zij	**modale Hilfsverben** konden/mochten/moesten/ wilden/durfden

Les 12

Wortfolge

Waar woonde je **toen** je nog klein **was**?

er – vorläufiges Subjekt

Stond er een kast? – Nee, **er** stond geen kast.
Waren er planten? – Ja, **er** waren veel planten.

Uitdrukkingen

Toen ik nog klein was ...
Met z'n hoevelen waren jullie thuis?
– Met z'n drieën/vieren/zessen/...
Ik kon goed schaatsen en rekenen.
Ik mocht nooit op mijn kamer eten.

Ik zit net te denken ...

Basiswoorden: niet-alledaagse activiteiten
nicht alltägliche Aktivitäten

 1   Wat hoort bij elkaar?

3 vrij hebben   overwerken   op zakenreis gaan/zijn   een feest geven

een afspraak hebben   met vakantie gaan   uitgenodigd zijn   een cursus volge

2   Zet het goede begrip uit oefening 1 bij de volgende activiteiten.

- bloemetje meenemen
- gezellig bij elkaar zitten
- koffie drinken
- borrelen

- boodschappen doen
- rommel opruimen
- dansen
- de hele dag in de keuken staan

- vliegen
- laptop meenemen
- een zakenrelatie ontmoeten
- in een hotel overnachten

- met je buurman/buurvrouw oefenen
- op het bord kijken
- leren
- huiswerk doen

- koffers pakken
- zwembroek meenemen
- in de file staan
- geld wisselen

- laat naar huis komen
- 's avonds op kantoor zitten
- veel geld verdienen
- geen tijd hebben om te eten

- tijdstip vastleggen
- opschieten
- iemand ontmoeten
- afzeggen

- lekker lang slapen
- leuke dingen doen
- uitrusten
- winkelen

3

Aandacht voor: plannen maken

 Dialoog: Wie kan ons helpen? 37

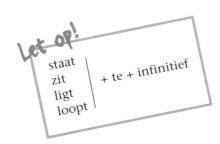

Frans: Hé Marijke, ik zit net te denken; wie kan ons volgende week met de verhuizing helpen?

Marijke: Misschien kunnen Tom en Simon wel komen helpen.

Frans: Dat denk ik niet; Tom moet zo vaak overwerken en Simon heeft de laatste tijd last van zijn rug. Hij mag geen zware dingen tillen.

Marijke: En Maarten? Die kan vast wel. Jij helpt hem toch ook altijd!

Frans: Gaat hij niet volgende week voor zaken naar Berlijn?

Marijke: O ja, dat klopt! ... En Rob?

Frans: Ja, Rob zou misschien wel kunnen, ik geloof dat hij volgende week vrij heeft.

Marijke: En vergeet Kees niet.

Frans: Kees? Liever niet! Hij loopt altijd zo te zeuren!

Marijke: Ja, dat is waar ook. Vraag het dan maar aan Jos.

Frans: Natuurlijk! Jos, goed idee. Ik ga hem meteen bellen. Zet jij in de tussentijd dan even koffie?

Marijke: Ja, even wachten, ik loop net mijn sleutels te zoeken.

...

Frans: Jos is in gesprek. Zal ik Henk dan maar vragen? Misschien kan hij wel.

Marijke: Nee, die hoef je helemaal niet te vragen!

Frans: Hoezo niet?

Marijke: Omdat hij zijn been gebroken heeft.

Frans: Jeetje! Dat wist ik niet. Hoe is dat nou gebeurd?

Marijke: Tijdens de wintersport, geloof ik.

Frans: Nou, wat vervelend voor hem!

Marijke: Ik ben benieuwd wie er dan wèl kan komen!

Let op!

staat
zit
ligt
loopt | + te + infinitief

 Waar of niet waar?

Formuleer vijf zinnen over de tekst en lees ze dan aan een partner voor.

➡️ *Tom en Simon kunnen helpen.*
Maarten moet volgende week naar Parijs.
– Ja dat klopt. / Nee, dat klopt niet.

Aandacht voor: iemand vragen iets te doen

5 **Luister.**  38

Frans belt zijn vrienden en vraagt of ze kunnen helpen.

Kan hij helpen?

Ja, hij kan.		Nee, hij kan niet.
	Tom	
	Simon	
	Maarten	
	Rob	
	Jos	

Vertel dan:

➲ *... kan niet helpen omdat hij ...*

6 **Wie verzint het beste smoesje?**

De docent(e) vraagt of u hem/haar kunt helpen.
Leg uit waarom u niet kunt.

➲ *Kan iemand mij misschien helpen met mijn auto/computer/...*
– Sorry, ik moet ...
Ik wil wel, maar ...
Jammer, ik kan niet omdat ...

Een stapje verder

 7   Wie komt er op ons feestje?

Wij geven een feestje!

Wie: Frans en Marijke
Waarom: Omdat we nu een 4kamerflat hebben.
Wanneer: Zaterdag, 15 mei om 20.00 uur
Waar: Julianalaan 156 A
            P.S. dezelfde flat, maar 1 verdieping hoger!

Geef a.u.b. even een belletje of je kunt komen.

Tom	– ja, leuk!
Maarten	– alweer in Berlijn
Rob	– misschien
Kees	– ??
Jos	– cursus
Ria	– griep
Yvonne	– komt

Vertel nu aan de klas (gebruik de werkwoorden *willen, kunnen* en *moeten*).

 Jos kan niet komen, hij volgt een cursus.

 8   Maak een afspraak!

Schrijf vijf dingen in uw agenda op die u volgende week wilt gaan doen.
Probeer dan met iedere medecursist een afspraak te maken.

13 MAART WEEK 11	**14** MAART	**15** MAART
Donderdag	Vrijdag	Zaterdag
08 uur	08 uur	
09	09	
10	10	**16** MAART
11	11	
12	12	Zondag
13	13	
14	14	
15	15	
16	16	
17	17	
18	18	

	MAART	9	10	11	12	13	14
Ma			3	10	17	24	31
Di			4	11	18	25	
Wo			5	12	19	26	
Do			6	13	20	27	
Vr			7	14	21	28	
Za		1	8	15	22	29	
Zo		2	9	16	23	30	

 Kunt u/Kun je aanstaande donderdag …? / Heeft u/Heb je zin om komende donderdag …?
– Ja, dat kan. / Ja, graag. Hoe laat? …
Het spijt me, maar ik moet/ik ben van plan … / Jammer, ik kan niet omdat …

Een stapje verder

9 **Wat doen deze mensen?**

1. Hij loopt te eten.   2. ....

3. ....   4. ....

5. ....   6. ....

7. ....   8. ....

10 **Wat doe ik nu?**

a) Beeld een activiteit uit. De medecursisten moeten raden wat u doet.

➡ *Ligt u/Lig je te lezen?*
– Ja, dat klopt! / Nee, dat is het niet!

b) Beeld een activiteit met een partner uit.
De medecursisten moeten raden wat jullie doen.

➡ *Lopen jullie te eten?*
– Ja, dat klopt! / Nee, dat is het niet!

11 **Welke andere werkwoorden gebruik je met**
***staan, zitten, liggen* en *lopen*?**

Extra: de datum

26 mei 2005
5 december 2003
17 maart 1999

12

5/12/2003 = (de) vijf(de) december tweeduizend drie

Sinterklaas viert zijn verjaardag elk jaar op vijf december.

Ik vier mijn verjaardag ook op de vijfde!

13 En wanneer bent u jarig?

Ga in een rij staan; begin de rij met degene die in januari jarig is.

➜ *Wanneer bent u/ben je jarig?*
  – Op zeventien juli.

➜ *En wanneer bent u/ben jij jarig?*
  – In maart.
  Op de hoeveelste?
  – De achtste.

14 Op welke datum valt ...?

1. Kerstmis
2. de verjaardag van de docent(e)
3. Koninginnedag
4. de eerste dag van de zomervakantie

Les
13

Nederland – *ander*land

De Nederlandse feestdagen

De meeste christelijke feestdagen zijn in Nederland – net zoals in Duitsland – vrije dagen, maar worden toch soms anders gevierd. Eerste en Tweede Paasdag zijn vrije dagen, maar Goede Vrijdag niet. Op Tweede Paasdag maken Nederlandse families graag een uitstapje naar de grote meubelzaken, die

op deze dag open zijn. U zult er verbaasd over zijn hoeveel mensen u dan aantreft! Traditioneel luiden de Paasdagen het begin van het toeristen seizoen in. Op 30 april volgt dan 'Koninginnedag'.

De verjaardag van de huidige Koningin Beatrix valt op 31 januari; als eerbetoon tegenover haar moeder Prinses Juliana en rekening houdend met het feit dat januari een slechte maand is voor activiteiten buitenshuis, verklaarde ze tijdens haar kroning in 1980 30 april tot officiële Koninginnedag. Dit is een vrije dag voor de hele bevolking – behalve voor de koningin zelf, die twee gemeentes in het land bezoekt. Overal worden straatfeesten, optochten, braderieën en rommelmarkten georganiseerd door de 'Oranjeverenigingen' en in veel grote steden wordt deze dag met een groot vuurwerk afgesloten. Op Koninginnedag is een bezoek aan Nederland de moeite waard!

In tegenstelling tot de meeste andere Europese landen is 1 mei geen vrije dag! Op 5 mei – Bevrijdingsdag – hebben werknemers vrij die bij de overheid en de gemeente werken, maar de winkels zijn normaal geopend.

Na Hemelvaartsdag en Pinksteren is het voorlopig voorbij met de vrije dagen. Pas in november komt de volgende feestelijke gebeurtenis: de Sinterklaastijd begint – één van de favoriete seizoenen van de Nederlandse kinderen.

Sinterklaas en zijn Zwarte Pieten komen nu drie (vroeger twee) weken voor 5 december met de stoomboot uit Spanje aan en vanaf dit moment zijn ze overal aanwezig: in de etalages, in de speelgoedzaken natuurlijk, op school en thuis, op tv en in de reclame. Kleine kinderen – en die die nog in Sinterklaas geloven – zetten 's avonds hun schoen bij de kachel. In de schoen stop je een wortel of hooi voor het paard. De volgende ochtend zit er dan een kleine chocoladen sinterklaas of een suikerbeest in. Op 5 december is dan het 'heerlijk avondje' gekomen en iedereen is benieuwd wat er deze keer voor cadeautjes in de grote zak zitten! De cadeautjes zijn als 'surprises' verpakt en er zit ook een gedichtje bij. Bovendien krijgen de kinderen – en ook de volwassenen – hun initialen in vorm van chocoladeletters.

Vroeger was het Sinterklaasfeest hèt feest voor de kinderen waar ze een heel jaar naar uitkeken, maar de laatste jaren verliest het traditionele feest steeds meer populariteit aan het kerstfeest, wat vooral

goed te merken is in de winkels. Werden de etalages vroeger pas na 5 december in de kerstsfeer gedecoreerd, zo begint men nu ook al in oktober met de verkoop van kerstartikelen. Nu vecht de stichting 'Nationaal Sint Nicolaas Comité' tegen de uitbreiding van het kerstfeest. Zelfs de ondernemersbond van de winkeliers vindt dat men te vroeg met kerst begint: 'De Nederlandse consument is het over één ding vrijwel eens: Sinterklaas is leuker dan de kerstman en moet weer terug in de winkels'.

Samenvatting

Grammatica

ik	sta/zit/lig/loop	
je/jij		
u	staat/zit/ligt/loopt	
hij / ze/zij		
het		
		+ te + infinitief
we/wij		
jullie	staan/zitten/liggen/lopen	
ze/zij		

Hilfsverb

ik	hoef niet	
je/jij		
u	hoeft niet	
hij / ze/zij		
het		
		+ te + infinitief
we/wij		
jullie	hoeven niet	
ze/zij		

Uitdrukkingen

Ik zit net te denken.
Hij loopt te eten.

Zet jij in de tussentijd dan even koffie?

Die hoef je helemaal niet te vragen!
Hoe is dat nou gebeurd?

Ik ben benieuwd (of) ...!

Wat vervelend!

Heeft u zin om aanstaande donderdag ...?
– Het spijt me, maar ik ben van plan ...
– Sorry, ik kan niet (helpen) omdat ...

Wanneer bent u/ben je jarig?
– Mijn verjaardag is op (de) veertien(de) februari.

Les 13

Heeft u
een dagschotel?

Basiswoorden: eten en drinken
Essen und Trinken (2)

 1 Wat staat en ligt er op tafel?

de soep

kip   aardappels   vruchtensalade   het sap   het ijs   salade   vis   kaas
✔ soep   borden (het bord)   groente   glazen (het glas)   wijn   spa   rijst
messen (het mes)   tosti   het brood   peper en zout (het zout)   garnalencocktail
lepels   olie en azijn   vorken   worst   servetten (het servet)

➡ *Er staat soep op tafel. Er staat geen … op tafel.*
Er liggen aardappels op het bord. Er staat geen sap op tafel.

 2 Voorgerecht, hoofdgerecht of nagerecht?

voorgerecht	hoofdgerecht	nagerecht
soep	kip	vruchtensalade

Aandacht voor: bestellen (2)

🌀 3 Dialoog: In een restaurant

a) Zet de tekstgedeelten in de goede volgorde.

ober: Zo, de kaart alstublieft.
Marijke: Heeft u een dagschotel?
ober: Ja, we hebben er twee:
moussaka met sla of biefstuk met gebakken aardappels en appelmoes.
Frans: Moussaka? Wat is dat?
ober: Dat is een Grieks ovengerecht met aardappelen, aubergine, tomaten en gehakt.
Marijke: Lijkt me lekker!

...
ober: Zo, heeft het gesmaakt?
Marijke: Ja, prima. Die moussaka was lekker!
Frans: Mijn vlees was een beetje taai.
ober: O, dat spijt me. Had u dat maar eerder gezegd! Wilt u nog een dessert?
Frans: Ja, mogen we de kaart nog even hebben?
ober: Ja, natuurlijk. Ik kom zo.
...

serveerster: Goedenavond. Heeft u gereserveerd?
Frans: Nee, we hebben niet gereserveerd.
serveerster: Met hoeveel personen bent u?
Frans: We zijn met z'n tweeën.
serveerster: Ik heb hier nog een tafel of wilt u liever daar gaan zitten?
Frans: Liever bij het raam, daar.

...
ober: Meneer, mevrouw?
Frans: Koffie voor mij graag.
Marijke: En voor mij aardbeienijs met slagroom.
Frans: Dat is het toetje dat je altijd neemt!
Marijke: Ja, heerlijk toch!

Frans: Wat neem jij?
Marijke: Eh, ik neem de moussaka. Jij ook?
Frans: Nee, dat lust ik niet.
ober: Zo, hebt u al iets gevonden?
Marijke: Ja, ik neem de moussaka.
Frans: En voor mij graag zalm met aardappeltjes en mosterdsaus.
ober: Het spijt me, maar die is al op.
Frans: Dat is nou jammer! Dan neem ik maar de varkenshaas met gemengde groenten.
ober: En wat wilt u erbij drinken?
Frans: Kunt u ons een witte wijn aanbevelen – niet te zoet?
ober: We hebben een Pinot als huiswijn; die is prima.
Marijke: Dat is toch die wijn die we de laatste keer ook hadden.
Frans: Ja, doet u die dan maar!
...

b) Luister nu naar de dialoog. Heeft u het goed gedaan? 39

't molentje
Restaurant

VOORGERECHTEN
Koud
Salade met gebakken geitenkaas	5,75
Konijnpaté met toast	4,50
Garnalencocktail	6,25
Tomaten-Mozzarella met basilicum	6,00

Warm
Vistaart	4,00
1/2 kreeft in roomsaus	13,50
Tomatensoep met croûtons	2,75
Soep van de dag	3,00

HOOFDGERECHTEN
Vlees
Biefstuk met frites	10,50
Varkenshaas met rozemarijn	11,50
Roerbakken kalfsvlees	12,00
Mixed grill van kalf, lam en rund met frites en salade	16,00

Vis
Gebakken zalm met mosterdsaus	11,00
Gebakken scampies met knoflook	13,50
Gegrilde tonijn	15,00
Gebakken forel met citroen	10,50

Vegetarisch
Aardappeltaart met pasta en bonensalade	8,50
Tortellini met spinazie en gorgonzolasaus	8,00

NAGERECHTEN
Vers fruit met room	3,50
Chocolade mousse	4,50
Frambozenijs met vruchtensaus	3,00

DAGSCHOTEL
Saté van de grill met frites kipsaté of saté van de haas	9,00

Zie ook de borden

WARME DRANKEN
Koffie	1,75
Espresso	1,75
Koffie verkeerd (koffie met warme melk)	1,75
Portie slagroom	,40

FRISDRANKEN
Spa blauw of rood	1,25
Coca Cola, Coca Cola light	1,25
Appelsap, Tomatensap	1,50

BIEREN
Tapbier
Fluitje Amstel		1,65
Vaasje Amstel		1,75
Pul Amstel		3,00
Flesjes bier	vanaf	2,00

WIJNEN
per glas	2,25
per karaf	8,25
per fles	11,50

Een keuze uit witte, rode en rosé wijnen.
Vraag naar de wijnkaart!

Betaal op maat:
Vanaf € 10,- chippen, vanaf € 15,- pinnen, vanaf € 20,- credit cards

 4 **En u?**

→ *Wat neemt u/neem jij?*
– Ik denk, dat ik … neem.
Wat wilt u/wil je drinken?
– Ik wil graag een …

Aandacht voor: bestellen

5 Formuleer de vragen.

1. *Waar gaan Wim en Marjan zitten?* .... – Bij het raam.
2. .... ? – Ja, moussaka of biefstuk met aardappels.
3. .... ? – Ze neemt de moussaka.
4. .... ? – Ze drinken een glas witte wijn.
5. .... ? – Een beetje taai.

6 Welke uitdrukkingen uit dialoog 3 passen erbij?

1. *Dat is nou jammer!* ....
   Dat is erg!
   Is dat even pech hebben!
   Dat is vervelend!

2. ....
   U hebt de keus uit …
   U kunt kiezen tussen …
   Er zijn er twee.

3. ....
   Dat is wat voor mij!
   Ik geloof dat dat goed smaakt!

4. ....
   Dat vind ik niet lekker.
   Dat eet ik niet zo graag.
   Ik hou er niet zo van.

5. ....
   Neem me niet kwalijk!
   Sorry!

6. ....
   Doet u maar een kopje koffie.
   Mag ik een kopje koffie van u?

7 Luister.  40

U hoort een vrouw en een man in een restaurant. Wat bestellen ze?

	voorgerecht	hoofdgerecht	nagerecht	dranken
vrouw				
man				

8 Speel nu de scène.

Werk in groepjes van drie of vier. U bent in een restaurant.
Bestel met de kaart van pagina 120. Eén van u is de ober.

➡ *Wat neemt u/neem jij?*
   – Ik denk, dat ik … neem en ik wil graag …

Een stapje verder

9   **Luister.** 41

a) Wie zegt wat?

b) Luister nog een keer en kies dan de juiste reactie.

    Ik denk, dat ik naar de bioscoop ga.   Ik pak een pilsje.

    Ik ga lekker een eitje bakken.   Ik ga zo meteen zwemmen.

    Ik ga even een trui aantrekken.   Ik ga lekker slapen.

 10   **Doe een voorstel.**

Geef voor elke situatie een paar tips.

➡ *Ik heb honger. Zullen we …?*
Ik heb dorst.
Ik heb 't warm.
Ik verveel me.

een pilsje uit de koelkast halen

een raam openzetten   gaan zwemmen

naar de bioscoop gaan

de pizzalijn bellen   een spelletje doen

Frank bellen en vragen of hij langskomt   lekker buiten gaan zitten

een video huren   iets fris bestellen

een blokje om gaan   erwtensoep maken

Extra: recepten

 Foto, ingrediënten, bereidingswijze: wat hoort bij elkaar?

Let op: Een woord dat in de naam van het gerecht voorkomt wordt
in de instructies door een * vervangen!

Erwtensoep met runderworst	**Pittige bruine bonensoep**	**Friese kapucijnersoep**
250 g spliterwten	400 g gehakt	400 g groene kool
1 ¹/₂ l water	1 ¹/₂ el taco-kruidenmix	¹/₄ knolselderij
300 g runderpoelet	1 geraspt uitje	2 aardappelen, 50 g boter
1 tl zout	1 geperste knoflookteen, 1 ei	1 gesnipperde ui
1 kg soepgroenten	2 uien, 1 rode en 1 groene paprika	1 geperste knoflookteen
(of ¹/₂ knolselderij,	2 vleestomaten	1 el kerrie
300 g aardappelen,	¹/₂ l (1 pakje) tomatenpassata	40 g bloem
400 g prei, 1 winterwortel)	400 g bleekselderij	1 l vleesbouillon
¹/₂ bosje selderijgroen	1 literblik bruine bonen	1 literblik kapucijners
1 runderrookworst	1 l water, 2 bouillontabletten	200 g ham, peterselie
peterselie	1 blikje maïskorrels	1 ¹/₂ dl slankroom

1.
De groenten snijden. Het uitje en de knoflook en kerrie in de boter fruiten. Dan de bloem erbij roeren en even door laten pruttelen. Giet de bouillon er langzaam bij. Dan * met vocht en de groenten toevoegen en 15–20 minuten zachtjes laten koken. Reepjes ham met wat versgeknipte peterselie en de room bij de soep roeren en deze met zout en peper kruiden. Geef er stokbrood bij.

2.
* wassen, met het water, de poelet en het zout 1 uur zachtjes laten koken, afschuimen en gladroeren. De kleingesneden soepgroente en de blaadjes van het selderijgroen toevoegen en de soep nog een half uur koken. Af en toe omroeren. De vacuümverpakte * in plakjes snijden en op het laatst bij de soep doen. Wat peterselie fijnknippen en erbij roeren. Lekker met roggebrood en roomkaas.

3.
Meng het gehakt goed met het ei, de kruiden het geraspte uitje en de knoflook. Draai er dan soepballetjes van. Groenten snijden. De helft van de * met het vocht pureren en dan met de rest van de *, alle groenten, de tomatenpassata, de gehaktballetjes, het water en de bouillontabletten 20 minuten koken. Doe de maïskorrels op het laatst erbij en breng de soep op smaak met zout, peper, tabasco en wat peterselie. Smaakt lekker met tacochips of pittige tosti's.

'Warm eten is zonde van de tijd'

Door een onzer redacteuren

De helft van de Nederlandse jongeren vindt warm eten zonde van de tijd. Ze hebben liever brood.

Als er wat warms op tafel komt, is dat meestal aardappels, vlees en groenten. Driekwart van de Nederlanders grijpt meermalen per week naar die vertrouwde combinatie. Meestal eindigt het 'bruin, groen en geel' in een kleurloze brij, want van alle Nederlanders prakt 57 procent zijn eten en 18 procent doet dat iedere dag.

Supermarktketen Albert Heijn heeft door het onderzoeksinstituut NIPO laten uitzoeken hoe de Nederlanders eten. Vooral het verschil tussen de jongeren (tot en met 34 jaar) en de ouderen (boven de 55 jaar) is opvallend groot, zo blijkt uit de resultaten van het onderzoek .

De jongeren, meestal één- en tweepersoonshuishoudens, koken een kwartier tot een half uur. Is het eten klaar, dan wordt het in de keuken zo uit de pan op het bord geschept. De ene dag eten ze warm om vijf uur, een dag later om half acht. Het eten duurt niet langer dan twintig minuten, terwijl ze daarbij vaak voor de televisie zitten. Ze variëren het traditionele menu regelmatig met pasta (vooral Italiaanse maaltijden) en rijst. Bij het eten drinken ze frisdrank.

Elf procent van de jongeren bidt voor het eten.

Ouderen, ook meestal één- en tweepersoonshuishoudens, besteden een half uur tot drie kwartier aan de bereiding van de maaltijd. De favoriete groenten bij gezinshoofden zijn bloemkool, sperziebonen en andijvie. Bij kinderen vanaf twaalf jaar zijn dat sla, spinazie en bloemkool.

Bij ouderen ligt het vaste tijdstip voor de warme maaltijd tussen half zes en zes, maar een kwart eet nog altijd tussen de middag warm. Op tafel liggen een tafelkleed en servetten. Als ouderen het menu afwisselen, is dat meestal door Chinees-Indisch te eten. Een derde bidt voor het eten.

Samenvatting

Grammatica

Relativpronomen

Dat is ook <u>de wijn</u> **die** we de laatste keer hadden.
Dat is <u>het toetje</u> **dat** je altijd neemt!

Met hoeveel personen bent u?
– We zijn met z'n **tweeën/ drieën/**…

prakken

Uitdrukkingen

Moussaka? Wat is dat?
Dat lust ik (niet).
Heeft u een dagschotel?
Lijkt me lekker!
Voor mij graag …
Dat is nou jammer!
Kunt u ons een witte wijn aanbevelen?

Ik heb het koud/warm.
Ik heb honger/dorst.

Kan ik
u helpen?

Basiswoorden: kleding
Kleidung

1 Wat dragen de mensen op de foto's? Schrijf op.

het colbert

jas ○ het kostuum/het pak ○ broek ○ das ○ schoenen ○ het colbert ✔
pet ○ jurk ○ het shirt/het (over)hemd ○ trui ✔

Basiswoorden: Kleding

2　Maak een lijstje.

a)　Wat draag je:　🌀 thuis/op uw werk/buiten?

dingen die je op je werk draagt

dingen die je buiten draagt

dingen die je thuis draagt

dingen die je in de zomer draagt

b)　Wat draag je:　🌀 's winters/in de zomer/het hele jaar door?

dingen die je het hele jaar door draagt

de trui

dingen die je 's winters draagt

c)　Weet u nog andere mogelijkheden om de woorden te groeperen?

Aandacht voor: winkelen

 3 **Dialoog: Dat is niks voor mij!** 42

Marijke:	Frans, kijk eens, wat een leuk colbertje! Pas dat eens even.
Frans:	Bedoel je dat met die grote revers? Dat is niks voor mij, veel te netjes.
Marijke:	Nee, dit natuurlijk. Ik ken jouw smaak toch. Lijkt me echt iets voor jou.
Frans:	Nee, ik vind de kleur niet mooi.
	Trouwens, heb je al op het prijskaartje gekeken?
Marijke:	O ja, dat is wel duur. Maar voor het feest heb je wel iets goeds nodig.
	Dat hoeft niet het duurste te zijn, maar ook niet het goedkoopste!
Frans:	Eigenlijk heb ik alleen een nieuwe broek nodig. Mijn colbert van vorig jaar
	is nog prima. Kijk eens, hoe vind je deze broek? Die is afgeprijsd.
Marijke:	Ja, gaat wel, maar die daar is veel mooier – en van een betere kwaliteit.
Frans:	Weet je wat, het beste is nog steeds een spijkerbroek met een vlot hemd.
	Kom, laten we maar naar een jeansshop gaan.
Marijke:	Elegant is eigenlijk maar niks voor mij!
	Weet jíj wat? De volgende keer ga je maar lekker alleen.
	Dan kan je kopen wat je wil!
verkoopster:	Kan ik u helpen?

> *Let op!*
> duur – duurder – duurst
> goedkoop – goedkoper – goedkoopst
> goed – beter – best

4 **Vul de synoniemen in!**

Welke woorden in de dialoog kun je door één van de volgende synoniemen vervangen?

correct   prijzig   behoorlijk   voordelig   leuk   sportief   chic
                                                        ✔

... die daar is veel mooier **veel leuker**

Aandacht voor: winkelen

5 Wie zegt dit, de klant of de verkoopster?

klant   verkoper/verkoopster

1. Kan ik dit even passen?
2. Betaalt u met een cheque of contant?
3. Heeft u dit een maat groter/kleiner?
4. Kan ik u helpen?
5. Ik zoek een ...
6. Deze broek past niet. Hij is me te groot.
7. Deze paskamer is vrij.
8. Wat kost het bij elkaar?
9. Kan ik pinnen/chippen?
10. Dat staat u goed.

6 Wat zeggen ze?

- Volgens mij is het te klein.
- Welke maat hebt u?
- Nee, dank u, ik kijk alleen maar even.
- Ik neem dit.

7 Speel nu de scène.

U bent in Amsterdam of Brussel aan het winkelen. Overleg van tevoren met
uw partner wat u wilt kopen. Eén medecursist is de verkoper/verkoopster.
Maak gebruik van de dialoog en de bovenstaande zinnen en schrijf het gesprek op.
Oefen de dialoog een paar keer en speel hem daarna voor de anderen.

Een stapje verder: vergelijken

8 Amsterdam – één van de mooiste steden in Europa

*A*msterdam is één van de vrolijkste, swingendste, drukste, beruchtste, mooiste en meest romantische steden van Europa. Dat zeggen veel mensen die er ooit geweest zijn. En hoewel het niet de grootste stad van Europa is, telt Amsterdam meer bruggen dan Parijs en meer kanalen dan Venetië. En aan één van deze talloze grachten – de voorname Herengracht – staan de mooiste en oudste patriciërshuizen van Amsterdam. Maar ook het smalste huis, dat niet breder is dan een voordeur! Wonen kun je hier niet alleen áán, maar ook óp het water.

In de Amsterdamse grachten liggen de meeste woonboten van Nederland (ongeveer 2000). Voor veel mensen is en blijft dit de gezelligste en (ont)spannendste manier van wonen! Wist u overigens dat u Amsterdam ook vanuit de watertaxi kunt bekijken? Misschien wel één van de origineelste mogelijkheden om de grachten te verkennen.

Als we toch op het water zijn: wat dacht u van de combinatie rondvaart door de grachten en museumbezoek? Amsterdam telt rond 40 musea en het leukste is, dat je er enkele met de 'museumboot' kunt bereiken. Zoeken naar een parkeerplaats (Amsterdamse bekeuringen zijn de hoogste!) is overbodig. Je wordt van het ene naar het andere museum gebracht. Het bekendste is het Rijksmuseum, waar je 'De Nachtwacht', het beroemdste schilderij van Rembrandt van Rijn kunt zien. Niet minder beroemd is Vincent van Gogh, die in Amsterdam een eigen museum heeft. Met in totaal 400 tekeningen en 200 schilderijen is dat de grootste Van Gogh collectie ter wereld.

Een stapje verder: vergelijken

Na zoveel cultuur heeft u zeker trek in een kopje koffie of iets anders. De beste 'bruine cafés' vind je in de binnenstad en een borreltje smaakt hier natuurlijk het lekkerst! Wie dan nog energie over heeft kan nog uitgebreid gaan winkelen.

In het historische centrum liggen Amsterdams beste winkelstraten zoals de Kalverstraat en de Leidsestraat. In de Jordaan – één van de oudste wijken – zijn nog veel kleine winkeltjes waar je voor een habbekrats de gekste dingen kunt kopen.

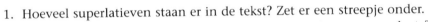

9 Superlatieven

1. Hoeveel superlatieven staan er in de tekst? Zet er een streepje onder.
2. Wat zijn de oudste/mooiste/modernste gebouwen in uw woonplaats?
3. Wat zijn de leukste/belangrijkste dingen die je er kunt zien en doen?
4. Wat zijn de grootste/beste/duurste/goedkoopste winkels?

Een stapje verder: vergelijken

∫0 Reclame, reclame!

Welke tekst hoort bij welke headline?

Op stap in de vier leukste steden van Europa

Het mooiste, roerendste liefdesverhaal van dit jaar!

De grootste tuinbeurs van Nederland!

Gegarandeerd de laagste prijs!

Gratis de dikste

De ruimste en comfortabelste

1 Op Schiphol tax-free gekocht en toch in Nederland goedkoper gezien?
Wij betalen u het verschil terug.

2 Wij weten dat voor sommigen de grootste familiewagen niet groot genoeg is.
Daarom maken wij al sinds jaren naast ons standaardtype deze 37 centimeter
langere uitvoering. Dat is pas comfortabel rijden. En ondanks zijn lengte toch
nog eenvoudig te parkeren!

3 In Wenen leeft de muziek, Rome biedt een kijkje in de oudheid, Parijs heeft
de leukste en meeste winkels en Berlijn is gewoon te gek!

4 Een ideale gelegenheid om nieuwe groen-ideeën op te doen.
Geniet mee van sfeervolle tuindecoraties, planten, bomen en heesters.
27 februari t/m 2 maart in de Brabanthallen.

5 Nu in de bioscoop: de veelbesproken, duurste productie ooit!! Bekroond met
vier Golden Globes voor beste film, regie, muziek en titelsong.

6 Vraag nu gratis de gloednieuwe Lente/Zomer-catalogus aan!
Helemaal gratis voor u de dikste catalogus van Nederland met de
leukste, betaalbare mode. Reageer vandaag nog.

∫∫ De leukste, mooiste, grootste ...

Bedenk samen met een medecursist een tekst voor een advertentie voor uw cursus
Nederlands/uw docent(e)/een product/uw stad enz.

Extra: het lichaam

12 Vul de lichaamsdelen in.

het hoofd

de voet

het haar • het oog • neus • mond • het oor • kin • hals • het hoofd ✔ • borst
rug • arm • hand • vingers • buik • het been • voet ✔ • tenen

13 Welke andere woorden horen er nog bij?

A-Z

14 Welke lichaamsdelen beweeg je als je ...?

◎ tv-kijkt
◎ een brief schrijft
◎ iemand een zoen geeft

◎ Nederlands leert
◎ fietst
◎ ...

Nederland – *ander*land

Het Oranje-gevoel

U heeft ze vast wel eens op televisie gezien of misschien heeft u ze zelfs wel eens meegemaakt in een voetbalstadion: supporters uit Nederland. Allemaal gekleed in het oranje, een oranje T-shirt aan, een oranje pet op en soms zelfs met oranje gezichten. Buitengewoon voor een land waar het 'gewoon doen' een deugd is.

Een paar jaar geleden trachtte een speciale uitgave van het tijdschrift Elsevier erachter te komen, hoe Nederlanders nou eigenlijk zijn. Volgens de schrijver zien Nederlanders zichzelf het liefst gewoon als mensen. 'Nationaal gevoel is – behoudens erupties als Koninginnedag of een overwinning van het Nederlandse Elftal – een nationaal taboe. Ondanks deze verkrampte houding vormen de Nederlanders wel een natie; met de negentiende-eeuwse eenheidsstaat als basis, en de Tweede Wereldoorlog als bindende 'gezamenlijke ervaring'. De natie is sterker dan ooit, ondanks immigranten en 'Europa'. ...

De Nederlander is geen nationalist (alleen al het woord natie is verdacht), verre daarvan, dat is iets voor Duitsers of Fransen of onderontwikkelde types in verre chaotische landen. Welnee, hij is gewoon een Nederlander, punt uit, een doodgewone Nederlander, een echte individualist, maar verder is dat Nederlander zijn niks om je over op de borst te kloppen. ... Het Oranje-gevoel gloeit slechts als er voetbal is. Koninginnedag? Een gezellige vrije dag om met z'n miljoenen te vieren. Met het Koningshuis heeft 't niets te maken, laat staan met nationalisme.'

Wat zeggen Nederlanders altijd: 'Doe maar gewoon, dan doe je al gek genoeg'?

Samenvatting

Grammatica

Steigerung von Adjektiven

duur	duurder	duurst
mooi	mooier	mooist
goedkoop	goedkoper	goedkoopst
groot	groter	grootst

goed	beter	best
veel	meer	meest

het smalste huis *attributiv*
de grootste collectie

Dat is het beste/het leukste. *alleinstehend*

iets goeds

Uitdrukkingen

Kan ik dit even passen?
Dank u, ik kijk alleen maar even rond.
Heeft u dit een maat groter/kleiner?
Ik zoek een …
Het past niet (zo) goed.
Dat is veel te netjes/groot.
Wat kost het bij elkaar?
Kan ik pinnen/chippen?

Wie is er aan de beurt?

Basiswoorden: boodschappen doen
Einkaufen

 Wat hoort bij elkaar?

het halfje wit	peren	zeep	telefoonkaart	perziken	spa	sla

bonen   frisdrank   tijdschriften (het tijdschrift)   komkommer   vleeswaren

taart   postzegels   courgettes   strippenkaart   wortels   tandpasta   kalkoen

 2   Wat koop je waar?

Bijna alles hierboven kun je op de markt of in een supermarkt kopen.
Waar kun je de bovenstaande dingen ook nog vinden?

bij de bakker	bij de slager	bij de groenteman	in de boekwinkel	op het postkantoor	bij de drogist

 3   Wat kun je er nog meer kopen?

het wasmiddel ...

Aandacht voor: boodschappen doen

 En u?

Vraag een medecursist waar hij/zij meestal boodschappen doet.

➡ *Waar koopt u/koop jij brood?*
– Ik koop mijn brood meestal in de supermarkt
omdat het daar goedkoper is.

Let op!

| enkele enige veel/weinig sommige | dingen |

 **Luister.** 43

a) Waar vinden de volgende gesprekken plaats?

Les **16**

b) Luister nog een keer. Hoe spreken klant en medewerkster/verkoper/verkoopster met elkaar?

	beleefd	normaal	vriendelijk	onvriendelijk
1 klant				
medewerkster				
2 klant				
verkoopster				
3 klant				
verkoper				
4 klant				
verkoopster				

Aandacht voor: boodschappen doen

 6 Dialoog: Op het postkantoor 44

klant 1:	Mevrouw, u moet eerst een nummertje trekken.
	Anders moet u wel heel erg lang wachten!
klant 2:	O dank u, dat wist ik niet! Dat zal ik dan maar snel doen.
...	
	Oh, nummer zesentachtig; nou, dan ben ik aan de beurt.
klant 2:	Goedemiddag. Een briefkaart en drie postzegels.
	En ik heb hier ook nog een pakje dat naar Amerika moet. Hoeveel moet erop?
medewerkster:	Sorry mevrouw, voor pakjes moet u aan het loket hiernaast zijn.
klant 2:	Jeetje, moet ik dan nog een keer wachten?
medewerkster:	Inderdaad. Boven het loket staat toch precies waar u moet zijn!
klant 2:	Nou, vooruit dan maar. En deze brief, komt die morgen al aan?
medewerkster:	Ik denk het wel! Dat was het, mevrouw?
klant 2:	Ja, dank u.
medewerkster:	Dat is dan € 1,45.

 7 Dialoog: Bij de kaasboer 45

verkoopster:	Wie is er aan de beurt?
klant:	Ik. Een stuk belegen Goudse, alstublieft. Die is toch in de aanbieding?
verkoopster:	Nee hoor, dat is de oude boerenkaas. Wilt u even proeven?
klant:	Nou, graag. ... Goh, die is lekker pittig. Wat kost die?
verkoopster:	Zeven euro per kilo.
klant:	Nou, prima, doe maar een pond.
verkoopster:	Mag het iets meer zijn? Dit stuk weegt 550 gram.
klant:	Ja, dat is goed.
verkoopster:	Anders nog iets?
klant:	Nee, dank u wel.

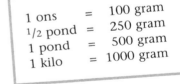

1 ons	=	100 gram
1/2 pond	=	250 gram
1 pond	=	500 gram
1 kilo	=	1000 gram

Aandacht voor: boodschappen doen

 8 **Dialoog: Bij de groenteman** 46

groenteboer:	Zegt u het maar mevrouw!
klant:	Eens kijken, twee kilo appels graag, maar niet van die hele grote.
groenteboer:	Kijkt u eens, allemaal kleintjes. Anders nog iets? We hebben vandaag spruitjes en snijbonen in de aanbieding.
klant:	Nou, doe dan maar een pond van die snijbonen.
groenteboer:	Anders nog iets, mevrouw?
klant:	Zijn die perziken rijp?
groenteboer:	Ja, ze zijn heerlijk!
klant:	Goed, dan neem ik daar een pond van en dan nog een komkommer.
groenteboer:	Dat was het?
klant:	Ja hoor, dat was het.
groenteboer:	Oké, dat is dan zes euro bij elkaar! Oh jee, heeft u het niet kleiner?
klant:	Nee, het spijt me. Ik heb helemaal geen kleingeld.
groenteboer:	Even kijken, dan wordt het zo tien, twintig, dertig, en twintig, maakt vijftig – en bedankt, hè. Daaag!
klant:	Tot volgende week!

 9 **Dialoog: Bij de bakker** 47

verkoopster:	Wordt u al geholpen, mevrouw?
klant:	Nee, maar ik geloof dat ik nu aan de beurt ben.
verkoopster:	Zegt u het maar, mevrouw.
klant:	Vier broodjes en een halfje wit, alstublieft.
verkoopster:	Gesneden, mevrouw?
klant:	Ja graag.
verkoopster:	Anders nog iets?
klant:	Ja, geeft u maar twee van deze taartpunten en twee ons roomboterkoekjes.
...	
verkoopster:	Zo, alstublieft. Dat wordt dan zeven euro bij elkaar.
klant:	Alstublieft.

 10 **Schrijf op welke uitdrukkingen uit de dialogen beleefd, normaal, vriendelijk of onvriendelijk zijn.**

beleefd/formeel	normaal	vriendelijk/informeel	onvriendelijk

Een stapje verder

 11 Wij geven een feestje!

Wat hebben we nog allemaal nodig? Wie neemt wat mee?

Cursist 1: Ik ga naar de bakker en koop brood.
Cursist 2: … gaat naar de bakker en koopt brood en ik ga naar de slager en koop
gehakt voor gehaktballetjes.
Cursist 3: … gaat naar de bakker en koopt brood, … gaat naar de slager en koopt
gehakt voor gehaktballetjes en ik ga naar de supermarkt en haal frisdrank.

…

12 Waar zit het in?

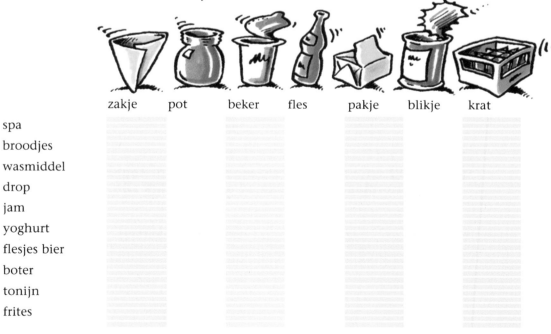

	zakje	pot	beker	fles	pakje	blikje	krat
spa							
broodjes							
wasmiddel							
drop							
jam							
yoghurt							
flesjes bier							
boter							
tonijn							
frites							

➡️ *Drop zit in een …*
Jam koop je in een …

Een stapje verder

 13   Luister. 48

U hoort klanten bij de slager, in een boekwinkel, en bij de drogist.

	Waar zijn ze?	Wat kopen ze?	Hoeveel betalen ze?
klant 1			
klant 2			
klant 3			

 14   Zoek samen de verschillen.

Cursist A: Kijk op deze pagina.
Cursist B: Kijk op pagina 178.

Cursist A: U ziet hier een aantal levensmiddelen op het plaatje. Op het plaatje van uw partner staan ook levensmiddelen, maar niet allemaal dezelfde. Probeer door vragen te stellen te weten te komen hoeveel verschillen er zijn.
Formuleer vragen op deze manier:

➡️ *Heeft u/Heb je twee bananen op uw/jouw plaatje?*
– Ja, inderdaad. / Nee, ik heb geen bananen. Heeft U/Heb je …?

Les **16**

 15   Speel nu de scène.

Overleg met een medecursist welke boodschappen er voor het weekend in huis gehaald moeten worden. U gaat met uw boodschappenlijstje boodschappen doen. Een derde cursist is de winkelier.

Extra: gezond eten

 16 **Lees de volgende informatie.**

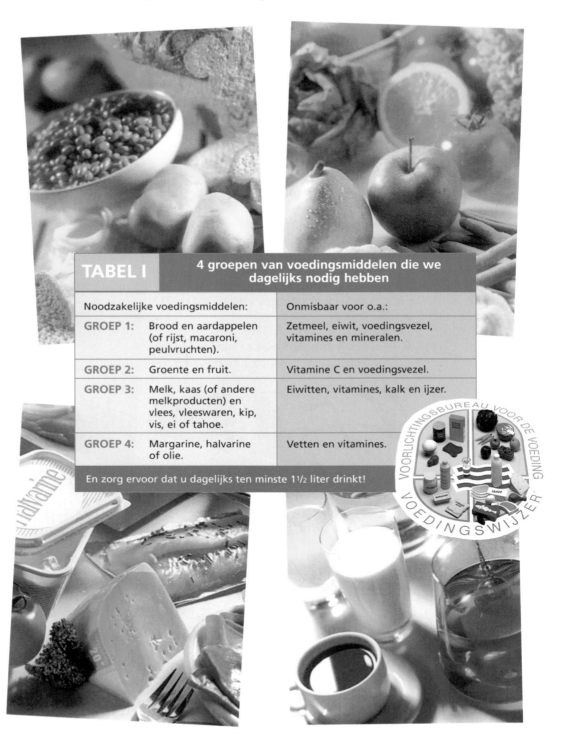

TABEL I	4 groepen van voedingsmiddelen die we dagelijks nodig hebben	
Noodzakelijke voedingsmiddelen:		**Onmisbaar voor o.a.:**
GROEP 1:	Brood en aardappelen (of rijst, macaroni, peulvruchten).	Zetmeel, eiwit, voedingsvezel, vitamines en mineralen.
GROEP 2:	Groente en fruit.	Vitamine C en voedingsvezel.
GROEP 3:	Melk, kaas (of andere melkproducten) en vlees, vleeswaren, kip, vis, ei of tahoe.	Eiwitten, vitamines, kalk en ijzer.
GROEP 4:	Margarine, halvarine of olie.	Vetten en vitamines.

En zorg ervoor dat u dagelijks ten minste 1½ liter drinkt!

Extra: gezond eten

 17 En u?

Eet u gezond? Doe de volgende test om het te weten te komen.
Vraag het dan aan een medecursist.

TABEL 5	**AANBEVOLEN HOEVEELHEDEN VOEDINGSMIDDELEN PER DAG**			hier moet ik voortaan	
	kinderen 4 - 12	tieners 12 - 20	volwassenen	méér van gebruiken	minder van gebruiken
brood	3 - 5 sneetjes	5 - 8 sneetjes	5 - 7 sneetjes		
aardappelen	1 - 4 stuks (50 - 200 gram)	4 - 6 stuks (200 - 300 gram)	3 - 5 stuks (150 - 250 gram)		
groente	2 - 3 groente-lepels (100 - 150 gram)	3 - 4 groente-lepels (150 - 200 gram)	3 - 4 groente-lepels (150 - 200 gram)		
fruit	1 - 2 vruchten (100 - 200 gram)	2 vruchten (200 gram)	2 vruchten (200 gram)		
melk en melkproducten	2 - 3 glazen (300 - 450 ml)	2 - 3 glazen (300 - 450 ml)	2 - 3 glazen (300 - 450 ml)		
kaas	1/2 - 1 plak (10 - 20 gram)	1 - 2 plakken (20 - 40 gram)	1 - 2 plakken (20 - 40 gram)		
vlees, vis, kip, ei, tahoe en tempé	65 - 100 gram rauw (50 - 75 gram gaar)	100 gram rauw (75 gram gaar)	100 gram rauw (75 gram gaar)		
vleeswaar	1/2 - 1 plakje (10 - 15 gram)	1 - 2 plakjes (15 - 30 gram)	1 - 2 plakjes (15 - 30 gram)		
halvarine op brood	5 gram per sneetje brood	5 gram per sneetje brood	5 gram per sneetje brood		
margarine voor de bereiding	15 gram	15 gram	15 gram		
vocht	1 1/2 liter	1 1/2 liter	1 1/2 liter		

Les 16

Nederland – *ander*land

Heeft u zich ook wel eens afgevraagd wat het betekent, als de caissière vraagt: "Spaart u zegels?"

Wat voor zegels dit zijn? Geen postzegels, maar spaarzegels. Voor de oorlog bestonden er al zegelacties, maar de echte rage begon pas na die tijd. Elk extraatje dat je voor een volle spaarkaart kreeg, was meegenomen. Sinds 1980 krijg je ook bij het tanken zegeltjes. Die kan je dan weer inruilen voor kleine dingetjes die eigenlijk iedereen al heeft.

De Nederlandse consument is dol op aanbiedingen en voordeeltjes, bijvoorbeeld in de vorm van zegeltjes, airmiles, kristalzegels, spaarpunten op elk pak koffie, thee of waspoeder. Bij de airmiles bijvoorbeeld krijg je voor een bepaald besteed bedrag steeds één gratis airmile. En je begrijpt wel, dat als je dan maar lang genoeg spaart, je ooit misschien eens een gratis vliegreis naar New York kunt maken. Voor een retourtje Londen moet je bijvoorbeeld al 600 airmiles hebben. Dat komt overeen met misschien wel 500 keer boodschappen doen …

De nieuwste actie is de bonuskaart waarmee je direct extra korting op sommige producten aan de kassa kunt krijgen. Maar niet iedereen doet daaraan mee. Er zijn genoeg mensen die op de vraag of ze zegels of airmiles sparen steevast antwoorden: "Ik wil alleen maar betalen, aan al die spaaracties doe ik niet mee."

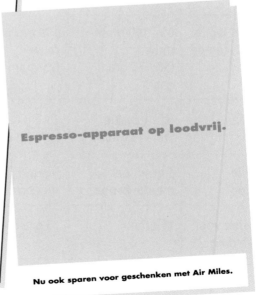

En waar haalt u de lekkerste Air Miles?

Natuurlijk krijgt u niet alleen bij óns uw Air Miles. Maar terwijl u lekker uw boodschappen doet, gaat dat sparen bijna vanzelf. En wist u dat u nu nog meer van uw Air Miles kunt genieten? U kunt ze namelijk ook voor leuke, kleine, dingen gebruiken. Des te meer reden dus ook lekker veel Air Miles bij 's lands grootste leverancier te halen.

's Lands grootste kruidenier blijft op de kleintjes letten.

Espresso-apparaat op loodvrij.

Nu ook sparen voor geschenken met Air Miles.

Samenvatting

Grammatica

Unbestimmte Zahlwörter

enkele	
enige	dingen
veel/weinig	
sommige	

Wortfolge

Ik geloof **dat** ik nu aan de beurt **ben**.

Uitdrukkingen

Dat wist ik niet!
Dat zal ik maar snel doen.
Hoeveel moet erop?
Die is toch in de aanbieding?
Die is lekker pittig.
Wat kost die/dat?
Doe/Doet u maar een pondje.
Geeft u maar twee van deze taartpunten.
Tot volgende week!
Ik geloof dat ik nu aan de beurt ben.

Ik zou graag ...

Basiswoorden:
huishoudelijke apparaten enz.
Haushaltsgeräte usw.

 Wat hoort bij elkaar?

het gasfornuis	telefoongids	koelkast	wasmachine	magnetron
het koffiezetapparaat	het strijkijzer	telefoon	handdoeken	vaatwasmachine
klok	(kook)pannen	TV	radio	föhn

 Wat hebt u nodig in een vakantiehuisje?

Dat moet, het is onmisbaar.   Dat zou ik handig vinden.   Dat hoeft niet, het is niet nodig.

Aandacht voor: een vakantiehuisje huren

 Luister. 49

Een vrouw belt op naar de VVV van Vlieland om een appartement te reserveren.
Heeft de VVV-medewerkster alle informatie correct genoteerd?

RESERVERINGSBEWIJS NR....................................		**AKKOORD:**

Datum boeking..... *03 - 04 - 2003* ....

Planmap	0
Internet	0
Linnenservice	0

eigenaar

vvv vlieland

Reisbureau .... Gesproken met......................................

Naam .... *Mevr. A. de Vries* ....

Adres .... *Hoofdweg 21* ....

Postcode ..... *4582 WK* ..... Woonplaats..... *Amsterdam* .....

Tel./fax ..... *024 - 28 73 29 38* .....

Hotel / bungalow / appart: ..... *Eureka 37* .....

Aankomstdatum: *zaterdag 17 augustus* **Vertrekdatum:** *zaterdag 24 augustus*

Aantal: ....*1*.... x 1 pers.k bad/douche/toilet   ⓛ

.... x 2 pers.k bad/douche/toilet   LO

....*1*.... x ..*4*.. pers bungalow / appartement / suite   HP

Bijzonderheden: *2 volw., 2 kind 5 jr en 8 jr, 1 hond*

Acc: .... x .... pers.	=	€ ....
	=	€ ....
	=	€ ....
Toesl. hoogseiz: ...... nachten x ...... pers. x	=	€ ....
Verlenging: ...... nachten x ...... pers. x	=	€ ....
Toesl. 1-ps k: .... nachten x ...... pers. x	=	€ ....
Korting -/- .... x 8,93 65+ / kind	=	€ ....

App./Woning .... nachten / week x .*1*....	=	€ *601,00*
Toeristenbel: 0,84 x ..*7*.. nachten x ..*4*.. pers	=	€ *23,52*
Bootkaarten: 18,70 x ..*2*.. volwassenen	=	€ *37,40*
" 9,77 x ..*2*.. 65+ / ⟨kind⟩	=	€ *19,54*
" 8,93 x ..*1*.. ⟨hond⟩ / fiets	=	€ *8,93*
⟨Div.kst⟩/bedlinnen (6,50) *verblijf hond 7 x 3*	=	€ *21,00*
Schoonmaakkosten..........................	=	€ ....
Borg + rekeningnr (69,00)................	=	€ ....
Reserveringskosten........................	=	€ 12,00
Totale reissom:	=	€ *723,39*

Een stapje verder

 En u?

a) Wat zou u nog meer in (de buurt van) uw vakantiehuisje/appartement willen hebben?

Hotels	Bungalows/Appartementen
Aantal een-persoonskamers	Aantal slaapkamers/aantal bedden
Aantal twee-persoonskamers	m^2 woonkamer
Aantal drie-of meer-persoonskamers	Kinderbed/campingbed aanwezig
Aantal parterrekamers	Kinderbox aanwezig
Minimale afmeting van een 2-persoonskamer met warm en koud water (m^2)	Kinderstoel aanwezig
Minimale afmeting van een 2-persoonskamer met eigen douche en toilet (m^2)	Centrale verwarming
Minimale afmeting van een 2-persoonskamer met eigen bad en toilet (m^2)	Kachel verwarming
Minimale afmeting van een 2-persoonskamer met eigen bad, (separate) douche en toilet (m^2)	Open haard
Kamers met (k)tv	Ligbad
Kamers met radio	Douche
Kamers met telefoon	Wasmachine
Kitchenette	Magnetron
Aangepast voor rolstoelgebruikers (ITS)	TV
Lift	KTV
Restaurant	Kabel TV
Speelweide	Schotelantenne
Tuin/Terras	Telefoon in de bungalow
Tennisbaan	Terras
Solarium/Zonnebank	Balkon en/of terras
Sauna	Tuin m^2
Overdekt zwembad	Zwembad/overdekt zwembad
Parkeerruimte behorend bij hotel	Parkeerruimte bij bungalow
Huisdieren niet toegestaan	Huisdieren niet toegestaan
Huisdieren toegestaan na overleg	Huisdieren toegestaan na overleg
Afstand tot dorp/Noordzeestrand in meters	Afstand tot dorp/Noordzeestrand in meters
Classifikatie	Classifikatie

 b) Vraag drie medecursisten wat ze tijdens hun vakantie graag willen hebben.

➡ *Wat wilt u/wil je in een vakantiehuisje graag hebben?*
  – Ik zou graag … willen hebben maar ik hoef geen … te hebben.

c) Vertel het aan de klas.

➡ *Karl-Heinz heeft thuis een magnetron en gebruikt hem dagelijks, maar tijdens de vakantie heeft hij geen magnetron nodig. Hij zou wel graag een vaatwasmachine willen hebben.*

Een stapje verder

 En u?

Wat zou u op vakantie op de Waddeneilanden graag willen doen?

Les 17

wandelen · windsurfen · zwemmen · vissen · paardrijden · luieren · …

Een stapje verder

6 Wat voor vakantietype bent u?

Zoek iemand die dezelfde dingen graag zou willen doen.

> het appartement   het hotel   het pension   tent   het vakantiehuisje   caravan
> het strand   bergen   steden   het platteland   zee   het bos
> eenvoudig   met veel mensen   luxe   alles geregeld   onafhankelijk   gezellig

➔ *Waar logeert u/logeer je op vakantie: bij familie of vrienden/in een hotel of een vakantiehuisje/ op een camping?*

Waar gaat u/ga je het liefst naartoe?

Waarom kiest u/kies je voor deze vorm van vakantie?

7 Vertel het aan de klas.

➔ *Vera gaat regelmatig naar Nederland, meestal naar de kust. Ze heeft familie in Zandvoort, maar ze huurt liever een vakantiehuisje. Dan is ze niet zo afhankelijk.*

8 Speel nu de scène.

Eén cursist is medewerker/medewerkster bij de VVV, de andere wil een vakantiehuisje/ appartement boeken. Schrijf van te voren op wat u wilt/moet vragen/antwoorden.

Extra: brieven schrijven

 9 **Lees de volgende brieven.**

Aan   Per fax
het VVV kantoor Vlieland
Tel./Fax

Marleen de Vries
Tel./Fax: 024/28732938   Amsterdam, 3 april 2002

Geachte dames en heren,

Hiermee bevestig ik uw fax van 3 april. Om te voorkomen dat de
papieren die u op wilt sturen niet aankomen, geef ik u voor alle zekerheid
nogmaals mijn adres. Bovendien wilde ik appartement 39 huren – op
uw fax staat dat verkeerd genoteerd.

M. de Vries
Hoofdweg 29
4582 DL Amsterdam

Met vriendelijke groet,

Marleen de Vries

Amsterdam, 4 april 2002

Beste Anja en Kees,
Jullie tip over de Waddeneilanden was goud waard! Ik heb gisteren
direct gebeld en op Vlieland een appartement gehuurd van 15 t/m
22 augustus. De hond mag ook mee! Wij zouden het hartstikke leuk
vinden als jullie dan een dagje langs kunnen komen. Van Wijk aan
Zee is het maar een kattensprongetje. Maar voor die tijd zien we
elkaar nog op Tons verjaardag.
Groetjes en liefs van Marleen en Ton

Les 17

 10 **Schrijf nu zelf een brief/fax.**

Schrijf nu zelf een brief/fax aan de VVV om een reservering te bevestigen
en één aan een medecursist, om hem/haar uit te nodigen.

De Waddeneilanden – Vlieland

Vlieland heeft al het goede van vroeger bewaard en dit gecombineerd met de voordelen van nu. Op dit kleinere Waddeneiland mag u uw auto niet meenemen. Met de fiets kunt u alle kanten op. Voor een klein bedrag per dag huurt u een 'lichtloper' bij één van de fietsenverhuurbedrijven en bent u helemaal klaar voor een ontdekkingsreis. En er is hier genoeg te zien: duinen, wad, strand en polders en zo'n 100 verschillende soorten broed- en trekvogels.

Wie liever op het strand blijft hoeft zich ook niet te vervelen. Vlieland beschikt over een breed strand, dat 12 kilometer lang is. Je kunt er zwemmen en zonnen, maar b.v. ook paardrijden, vliegeren en windsurfen.

Een ander aantrekkelijk gezicht van Vlieland is het dorpsgezicht van Oost-Vlieland, het enige dorp op het eiland met zijn 1090 inwoners in de winter.

Van alle Waddeneilanden is Vlieland het verst verwijderd van de kust. Toch neemt de bootreis vanuit Harlingen met de veerboot 'Oost-Vlieland' niet meer dan zo'n anderhalf uur in beslag. Wilt u sneller? Dan kiest u voor de snelle 'Koegelwieck'. Deze brengt u er in 45 minuten heen. Zoals eerder gezegd, kan de auto niet mee naar Vlieland. Maar dat vindt u helemaal niet erg als u dit 'rustpunt in een hectische wereld' eenmaal heeft ervaren.

Samenvatting

Grammatica

Konjunktiv

ik		
je/jij		
u	zou	
hij / ze/zij		
het		+ Infinitiv
we/wij		
jullie	zouden	
ze/zij		

Wortfolge

Ik **zou** dat graag **willen hebben/doen**.

Zou u/je dat **willen hebben/doen**?

Uitdrukkingen

Wat zou u graag willen hebben?
Ik bevestig uw fax.
Het is maar een kattensprongetje.

formeel

Geachte dames en heren
Met vriendelijke groet

informeel

Beste/Lieve Anj
Groetjes (en lie

Onderweg

Basiswoorden: op reis
auf der Reise

 Wat hoort bij elkaar?

mobiele telefoon/zaktelefoon	zonnebril	laptop	agenda	het woordenboek
krant	het horloge	plattegrond	het tijdschrift	medicijnen
zonnecrème	snoep	het rijbewijs	pinpas	het buitenlandse geld
zwembroek	het ticket/het (trein)kaartje	het paspoort	reisgids

 Wat neem je mee op een zakenreis, wat op vakantie en wat op allebei?

zakenreis	allebei	vakantie

 Wat hoort er nog meer bij?

Aandacht voor: voorbereidingen voor een zakenreis

 Zet de volgende uitdrukkingen in de juiste kolom.

Enkele reis of (dag)retour?

Ogenblikje alstublieft, ik verbind u door.

Is dat inclusief ontbijt?

Moet ik overstappen?

Alleen maar voor één nacht.

Van welk spoor vertrekt die?

U wordt afgehaald.

Tot maandag – en goede reis!

Kunt u de reservering schriftelijk bevestigen?

Moet ik reserveren?

Hoe gaat het met u?

U bent om 12.31 uur in Brussel.

Kunt u me zeggen wat die kost?

Is dat met toeslag?

Ik bel om onze afspraak te bevestigen.

Ik zou graag met meneer De Graaf willen spreken.

afspraak maken

kamer reserveren

kaartje kopen

Aandacht voor: voorbereidingen voor een zakenreis

 5 **Luister.** 50

U hoort twee telefoongesprekken. Zijn de volgende zinnen waar of niet waar?

	waar	niet waar
1. Femke de Wit werkt bij de Firma De Graaf.		
2. Meneer Becker wil graag een afspraak met mevrouw De Wit maken.		
3. Meneer Becker heeft al een kamer gereserveerd.		
4. Meneer De Graaf haalt meneer Becker van het station af.		
5. Er wordt een twee-persoonskamer gereserveerd.		
6. De kamer kost € 75,- per nacht.		
7. De kamer is inclusief ontbijt.		
8. De reservering wordt bevestigd.		

 6 **Speel nu de scène.**

Bereid met z'n vieren twee telefoongesprekken voor: 1. een zakelijke afspraak
2. een kamer reserveren. Gebruik daarbij de uitdrukkingen van pagina 155.
Maak van tevoren een lijstje met punten die belangrijk zijn, bv.:

- hoe reist u? (met het vliegtuig/de trein/de auto?)

- hoe laat komt u aan?

- moet er een kamer worden gereserveerd?
  (voor hoeveel personen/nachten?)

- ...

 7 **Luister.** 51

Kruis aan met welke trein de reiziger
naar Brussel gaat.

Utrecht CS – Brussel-Zuid/Midi

VERTREK	AAN	treinnummer	overstappen in	aan	vertrek	treinnummer
5 09	8 35	9806	Rotterdam CS niet zaterdags en niet zondags	5 59	6 26	2455
6 49	9 31	1714	Rotterdam CS niet zaterdags en niet zondags	7 25	7 32	2456
7 02	9 57	9816	Rotterdam CS zondags	7 52	8 18	9320 R X
7 19	9 57	516	Rotterdam CS niet zondags	7 55	8 18	9320 R X
7 49	10 31	1718	Rotterdam CS niet zondags	8 25	8 32	2457
8 49	11 31	1722	Rotterdam CS	9 25	9 32	2458
9 19	11 57	524	Rotterdam CS	9 55	10 18	9328 R X
9 49	12 31	1726	Rotterdam CS	10 25	10 32	2459
10 49	13 31	1730	Rotterdam CS	11 25	11 32	2460
11 49	14 31	1734	Rotterdam CS	12 25	12 32	2461
12 49	15 31	1738	Rotterdam CS	13 25	13 32	2462
13 49	16 31	1742	Rotterdam CS	14 25	14 32	2463
14 19	16 57	544	Rotterdam CS	14 55	15 18	9348 R X
14 49	17 31	1746	Rotterdam CS	15 25	15 32	2464
15 49	18 31	1750	Rotterdam CS	16 25	16 32	2465

Een stapje verder

  En u?

Stel de volgende vragen aan uw medecursisten.
Probeer zo veel mogelijk informatie te weten te komen.

	ik	medecursist
Bent u wel eens ...?		
op een NS station geweest		
op Schiphol geweest		
bij een firma/zakenrelatie in het buitenland geweest		
Heeft u wel eens in Nederland ...?		
een treinkaartje/ticket gekocht		
een hotelkamer gereserveerd		
naar de tv gekeken		
in een telefoongids een nummer opgezocht		
in een hotel overnacht		
een krant/tijdschrift gelezen		

  Vertel het aan de klas.

➡ *Martin heeft nog nooit een Nederlands tijdschrift gelezen,*
  maar hij heeft wel vaak naar de tv-gekeken.
➡ *Bettina is een paar keer op een NS station geweest maar nog nooit op Schiphol.*
➡ *Laura leest af en toe een Nederlands tijdschrift als ze in Nederland is.*

Een stapje verder: de passieve vorm

 10 **Lees één van de volgende artikelen.**

Zoek dan een partner die een *ander* artikel heeft gelezen. Vertel hem/haar
wat u te weten bent gekomen.

'Goedkope' Van Gogh

LONDEN – Vincent van Goghs
Portret van Dr. Gachet – eens het
duurste schilderij ter wereld – is
voor een fractie van de oorspron-
kelijke waarde verkocht. Het vei-
linghuis Sotheby's heeft eind vorig
jaar 6,2 miljoen pond betaald voor
het schilderij, dat in 1990 nog voor
51 miljoen pond was geveild, zo
meldt de Britse krant Times
onlangs. Verkoper was de bank van
de papierfabrieken van de inmiddels overleden Japanner Ryoei
Saito, die in 1990 het recordbedrag
betaalde.

Europese fietsroute langs Noordzee geopend

6 mei
HAMBURG - In de Duitse stad
Hamburg is zaterdag de eerste
Europese fietsroute langs de
Noordzee geopend. De bijna 6000
kilometer lange 'North Sea Cycle
Route' is het langste fietspad ter
wereld. Het gaat door Duitsland,
Nederland, Engeland, Schotland,
Noorwegen, Denemarken en
Zweden.

Stormen teisteren VS

LOS ANGELES —
Zowel het westen als het
oosten van de Verenigde
Staten wordt geteisterd
door zware stormen. In
Californië brachten
metershoge golven aan de
kust zware schade toe aan
huizen en wegen. Zware
regenval deed verschillende rivieren overstromen,
het zuiden van de staat
werd getroffen door mod-
derstromen. De storm, een
van de zwaarste uit de
geschiedenis van Califor-
nië, wordt toegeschreven
aan het klimatologische El
Niño-effect, waarbij weer-
patronen op de Stille
Oceaan verschuiven.

Miljoenen zien huwelijk op tv
Door een onzer redacteuren

AMSTERDAM, 4 FEBR.
Onder het oog van miljoenen
Nederlanders en andere Euro-
peanen zijn zaterdag kroonprins
Willem-Alexander en Máxima
Zorreguieta getrouwd. Het bur-
gerlijk huwelijk vond plaats om
half elf 's ochtends in de Beurs
van Berlage en werd voltrokken
door burgemeester Cohen van
Amsterdam. Ruim een uur later
werd het huwelijk in de Nieuwe
Kerk ingezegend door dominee
Carel ter Linden.

Een stapje verder: de passieve vorm

 11 **Onderstreep alle zinnen in de artikelen die gebruik maken van de passief constructie.**

Let op!

actief: iemand haalt u af
passief: u wordt afgehaald

 12 **Vul nu uit de artikelen de passieve vorm in.**

presens

imperfectum

perfectum

futurum

 13 **Krantenkoppen**

In krantenkoppen wordt vaak de passieve vorm gebruikt.
Het hulpwerkwoord (*worden* of *zijn*) wordt daarbij vaak weggelaten.

a) Maak uit elke krantenkop een volledige zin.
Vergelijk uw zinnen dan met een medecursist.

Vlaamse film voor Oscar genomineerd

Dubbelgangster Máxima ontdekt

100 kilo cocaïne gevonden op strand Oostende

Koninginnedag weer uitbundig gevierd

Minister: De Vries vermoedelijk binnenkort tot voorzitter benoemd

Gezochte misdadiger door echtgenote opgepakt

b) Kies een krantenkop uit en schrijf er samen een kort artikel over.
Wie schrijft het leukste/grappigste artikel?

Nederland – *ander*land

Dendert de trein zo, of heb je Hartkloppingen?

Kapotte treindeur

Vrijdagavond 20 juni. Het vonkte in de trein toen de automatische deuren niet meer dicht wilden. Ik stond met mijn witte spijkerjack bij de deur, jij met je donkere haar, zwarte colbert en beige broek zat bij me in de buurt. Was ik maar nooit uitgestapt in Weert! Ik wil je graag nog een keertje zien.
Br.o.nr.R/10/1

Eindstation Ede-Wageningen

Op 3 juli om 11.06 stapte je in Utrecht op de stoptrein naar Zutphen. Je was druk in de weer met foto's en je kletste wat met je over-buurvrouw terwijl je naar mij glimlachte. Van wat ik heb opgevangen ben je net afgestudeerd. Wat had ik graag mijn telefoonnummer in je hand gedrukt toen je in Ede-Wageningen uit-stapte!
Br.o.nr.R/10/6

Patrick

Jij (blonde chemicus) vertel-de dat je Patrick heet en nog maar net in Scheveningen woont. Ben je inmiddels al een beetje gewend? We dachten dat je misschien wat assistentie kon gebrui-ken als je je voor het eerst in het Haagse nachtleven gaat storten. Zin om een keertje met ons (de twee meisjes van Randstad Polytechniek) te gaan stap-pen?
Br.o.nr.R/10/10

Ik Heineken, jij Grolsch

Zaterdag 17 mei, rond 16.00. Jij was op weg naar Den Haag, ik van Utrecht Overvecht naar Utrecht Centraal. Jij dronk Heine-ken, ik Grolsch. Op de ach-tergrond rumoer van FC Utrecht-supporters. Een keer samen een pilsje drin-ken?
Br.o.nr.R/10/13

Knappe Arabier

Station Hoorn-Kersenbo-gerd. De trein stopte en ineens stond jij daar. Als ik me niet had vastgegrepen, was ik prompt van mijn stoel gevallen. Die lach, die mooie krullen! De hele rit tot Amsterdam heb ik naar je zitten gluren. Knappe, aan de HTS-Amsterdam studerende Arabier, heb je zin in 1001 nachten?
Br.o.nr.R/2/2

Stom, stom, stom

We kwamen elkaar tegen in de trein naar Den Helder. Dat was zo gezellig dat we in Den Helder nog lang niet uitgepraat waren. Dus lie-pen we door de stad en zaten we bij de dijk. Tot ik je weer naar het station bracht. En vergat naar je adres te vragen. Stom, stom, stom! Laat je iets van je horen?
Br.o.nr.R/2/10

(Contact-advertenties uit het NS-tijdschrift *Rails*)

Samenvatting

Grammatica

Das Passiv

ik	word			we/wij			
je/jij / u	wordt	afgehaald		jullie	worden	afgehaald	**Präsens**
hij / ze/zij / het				ze/zij			

ik				we/wij			
je/jij / u	werd	afgehaald		jullie	werden	afgehaald	**Imperfekt**
hij / ze/zij / het				ze/zij			

ik	ben			we/wij			
je/jij / u	bent	afgehaald		jullie	zijn	afgehaald	**Perfekt**
hij / ze/zij / het	is			ze/zij			

ik	zal			we/wij			
je/jij / u	zal/zult	afgehaald worden		jullie	zullen	afgehaald worden	**Futur**
u	zult/zal						
hij / ze/zij / het	zal			ze/zij			

Uitdrukkingen

Enkele reis/Retour Brussel.
Moet ik overstappen?
Van welk spoor vertrekt die?
Hoe laat ben ik in Antwerpen?
Is dat met toeslag?
Moet ik reserveren?

Ik zou graag met meneer De Graaf willen spreken.
Ogenblikje alstublieft, ik verbind u door.
Ik bel om onze afspraak te bevestigen.
U wordt afgehaald.

Kunt u me zeggen wat die/dat kost?
Is dat inclusief ontbijt?
Kunt u de reservering schriftelijk bevestigen?

Ik ben erg verkouden

Basiswoorden: gezondheidsklachten
Beschwerden

1 Wie heeft wat?

koorts ○ een wond ○ verkoudheid ○ gebroken arm ○ keelpijn ○ hoofdpijn
buikpijn ○ hoest ○ oorpijn ○ spierpijn

2 Wat hoort er nog meer bij?

3 Zet de volgende uitdrukkingen in de goede volgorde.

	recept krijgen		de dokter spreken		Beterschap!
	afspraak maken		onderzocht worden		de dokter bellen
	medicijn halen in de apotheek		ziek zijn		vragen stellen aan de dokter

Aandacht voor: bij de dokter

 4 Wat hoort bij elkaar?

Een patiënte spreekt eerst met de assistente en dan met de dokter.
Welke antwoorden horen bij welke vragen?

Kan ik voor vanmiddag een
afspraak maken?

Ja, als ik hoest doet alles zeer!

Nee hoor! Tot ziens mevrouw
en beterschap!

Is het erg dringend, want
we hebben vanmiddag geen
spreekuur?

Ja, mijn assistente geeft u dan
de rekening mee en die dient u thuis
bij uw ziekenfonds in.

Wat kan ik voor u doen?

Bent u patiënte bij ons?

Heeft u ook spierpijn?

Nee, maar ik heb koorts
en ben erg verkouden. Daarom
wilde ik even langskomen.

Moet ik de rekening meteen
betalen?

En verder hoef ik niets
te doen?

Ik ben sinds twee dagen erg
verkouden en heb ook hoofdpijn.

Les 19

 **5 Luister.** 52

a) Luister nu naar de volgende dialogen en controleer of u het goed heeft gedaan.
b) Beantwoord de volgende vragen.

1. Waarom is het niet mogelijk
meteen te komen?

   a) De vrouw is geen patiënte van de dokter.
   b) De dokter heeft geen spreekuur.
   c) De dokter is ziek.

2. Wat heeft de patiënte volgens
de dokter?

   a) Alleen maar hoofdpijn.
   b) Een flinke griep.
   c) Spierpijn.

3. Wat raadt de dokter aan?

   a) Een paar dagen in bed te blijven.
   b) Medicijnen.
   c) Beterschap.

Een stapje verder

 Welk antwoord hoort bij welke vraag?

1. Waarom maakt mevrouw Hansen een afspraak bij de dokter?   Omdat de dokter geen spreekuur heeft.
2. Waarom kan ze niet meteen langskomen?   Omdat ze meteen moet betalen.
3. Waarom heeft ze hoofd- en spierpijn?   Omdat ze zich niet lekker voelt.
4. Waarom stelt de dokter zich voor?   Omdat ze elkaar niet kennen.
5. Waarom krijgt ze een rekening?   Omdat ze griep heeft.

 Formuleer nu de antwoorden op deze manier.

➔ *Ze maakt een afspraak bij de dokter want ze is erg verkouden.*
Ze is erg verkouden – daarom wil ze een afspraak maken.

 Welk advies voor welk probleem?

Probleem   **Advies**

buikpijn
hoofdpijn   tanden goed poetsen
oorpijn   geen alcohol   aspirine slikken
kiespijn   in bed blijven
                    geen vet eten   veel slapen   warm houden
diarree
insectensteken   regelmatig naar de tandarts gaan   druppeltjes innemen
reisziekte   niet snoepen   meer eten   minder eten
slapeloosheid
                                thee drinken   …

➔ *Als je buikpijn hebt moet/mag je …*

 En u?

Stel vragen aan uw medecursisten.

1. Waarom bent u/ben je de laatste keer naar de dokter gegaan?
2. Heeft u/Heb je de rekening meteen moeten betalen?
3. …
4.
5.

➔ *En waarom bent u/ben je de laatste keer naar de dokter gegaan?*
– Ik ben vorige week naar de dokter geweest omdat ik me niet goed voelde.
…

Extra: bewegen

 10 **En u?**

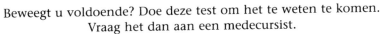

Beweegt u voldoende? Doe deze test om het te weten te komen.
Vraag het dan aan een medecursist.

Regelmatig bewegen is volgens de Nederlandse Hartstichting goed voor de gezondheid en het is ook plezierig. Gezond bewegen betekent elke dag actief zijn, minstens een half uur inspannen is het streven. Een stevige wandeling of een boodschap doen op de fiets is al voldoende intensief. Het maakt niet uit of u dan 3 keer 10 minuten actief bent of 2 keer een kwartier achter elkaar. Het is de totale hoeveelheid beweging per dag die telt voor uw gezondheid.

DE BEWEEGTEST

Met deze test kunt u nagaan of u voldoende beweegt. Elke 10 minuten die u per dag beweegt is goed voor 1 beweeg-rondje. Het streven is een half uur, dus 3 beweeg-rondjes per dag. Om u een beter idee te geven van wat mogelijk is, staat hier een aantal bewegingsactiviteiten genoemd. Andere activiteiten zijn natuurlijk ook goed mogelijk. Houd eens bij hoe actief u in één week bent.

ACTIVITEITEN

stevig wandelen

grasmaaien / bladeren harken

joggen / hardlopen

op de fiets boodschappen doen

een toertocht fietsen

zwemmen

ramen wassen / stofzuigen

zaalsporten

tennis / squash

ochtendgymnastiek

dansen

roeien / kanoën

schaatsen / langlaufen

10 min = ◯

maandag: ◯◯◯ ◯◯◯
dinsdag: ◯◯◯ ◯◯◯
woensdag: ◯◯◯ ◯◯◯
donderdag: ◯◯◯ ◯◯◯
vrijdag: ◯◯◯ ◯◯◯
zaterdag: ◯◯◯ ◯◯◯
zondag: ◯◯◯ ◯◯◯

Les 19

UITSLAG

- 7 dagen, 3 rondjes: Dit is ideaal. Ga zo door.
- 5 dagen, 3 rondjes: Dit is voldoende. Houd dit vast en probeer dit op te voeren naar 7 dagen.
- Minder dan 5 dagen, 3 rondjes: U beweegt in principe te weinig. Probeer dit langzaam te verbeteren door er 1 à 2 rondjes per week aan toe te voegen.

Nederland – *ander*land

Seksuele voorlichting

Seksuele voorlichting heeft in Nederland een lange traditie: zo'n 200 jaar geleden begon men na te denken over een vrijwillige beperking van het aantal kinderen. In 1881 ontstond de Nieuw-Malthusiaanse Bond, een vereniging die zich bezighield met de ethische kwesties van de anticonceptiemiddelen die er in die tijd waren. Omstreeks 1900 werd een zekere Johannes Rutgers de leidende kracht binnen deze bond. Hij was voor individuele hulp en tegen de onder-

drukking van vrouwen. In zijn publicaties schreef hij dat seks een goede en belangrijke zaak was.

In 1946 werd de Nederlandse Vereniging tot Sexuele Hervorming, kortweg NVSH, opgericht als voortzetting van bovengenoemde Bond. De NVSH was van mening dat seksualiteit belangrijk was voor een gezond leven en een harmonische ontplooiing. Er waren vijftig consultatiebureaus waar individuele hulp werd gegeven op het gebied van anticonceptie en seksualiteitsproblemen. Men kon lid worden van de NVSH en er ook voorbehoedmiddelen kopen. Sommige leden verkochten thuis condooms. De generatie van na de oorlog weet nog goed dat daar nogal geheimzinnig over werd gedaan. In de jaren zestig werd de manier van denken van de NVSH radicaler en sommige potentiële bezoekers van de consultatiebureaus werden daardoor afgeschrikt. In 1969 kwam het tot een splitsing: een vereniging met ideële doelstellingen, de NVSH, en een professionele organisatie voor hulpverlening, de Rutgers Stichting.

Vaak waren de Rutgershuizen te vinden in onopvallende achterafstraatjes, zonder naambordje op de deur; seksualiteit leidde een verborgen leven. Nu, zo'n 30 jaar later heeft de Rutgers Stichting acht vestigingen verspreid over het land waar medische en sek-

suologische hulp wordt geboden. Elke vestiging beschikt over een team van artsen, verpleegkundigen en seksuologen. Per jaar bezoeken ca. 20.000 mensen deze regionale kantoren.

Samenvatting

Grammatica

Wortfolge

Ze maakt een afspraak bij de dokter **omdat** ze erg verkouden **is**.
Ze maakt een afspraak bij de dokter **want** ze **is** erg verkouden.

Ze is erg verkouden – **daarom wil** ze een afspraak **maken**.

Uitdrukkingen

Kan ik voor vanmiddag een afspraak maken?
Ik heb koorts en ben erg verkouden. Daarom wilde ik even langskomen.
Ik ben sinds twee dagen erg verkouden en ik heb ook hoofdpijn.
Als ik hoest doet alles zeer!
Moet ik de rekening meteen betalen?
Mijn assistente geeft u de rekening mee en die dient u thuis bij uw ziekenfonds in.
Beterschap!

Bij de Chinees

Basiswoorden: nationaliteiten
Nationalitäten

1 Waar komen ze vandaan?

adjectief/mannelijke inwoner

Grieks/Griek
Deens/Deen
Engels/Engelsman
Zwitsers/Zwitser
Italiaans/Italiaan
Chinees/Chinees
Indonesisch/Indonesiër
Spaans/Spanjaard
Turks/Turk
Russisch/Rus
Belgisch/ Belg

Amerikaans/Amerikaan
Frans/Fransman
Zuid-Afrikaans/Zuid-Afrikaan
Marokkaans/Marokkaan
Oostenrijks/Oostenrijker
Portugees/ Portugees

Let op!
vrouwelijke inwoner = adjectief + e
uitzonderingen: Française, Russin

2 Teken op een blad papier iets typisch uit vijf landen.

Ruil daarna van blad met een medecursist en raad wat hij/zij getekend heeft.

➡ *Is dat Italiaanse wijn?*
– *Ja, dat is Italiaanse wijn. / Nee, u/je zit er helemaal naast.*

3 Welke nationaliteiten wilt u nog weten?

Aandacht voor: een verhaal vertellen

 4 **Luister.** 53

Yvonne Pattché, een Nederlandse die haar jeugd in Indonesië heeft doorgebracht,
vertelt over de rijsttafel vroeger bij haar thuis.

1. De familie van mevrouw Pattché
   kwam voor een grote rijsttafel bij elkaar.
   Waarom?
      a) Het was moeders verjaardag.
      b) Het was grootmoeders verjaardag.
      c) Het was overgrootmoeders verjaardag.

2. Welke tijd van de dag was het?
      a) 's Ochtends.
      b) 's Middags.
      c) 's Avonds.

3. Wat stond en lag er allemaal op tafel?
      a) Een mooi tafelkleed.
      b) Veel schalen en kommen.
      c) Allerlei tropische bloemen.
      d) Karaffen met ijswater.
      e) Zilveren bestek.

4. Aan welk lid van de familie denkt
   ze bij het woord 'rijsttafel'?
      a) Aan oom Cor.
      b) Aan haar grootvader.
      c) Aan haar vader.

5. Wat wilde hij hebben?
      a) Aardappels, kip en appelmoes.
      b) Een biefstuk met aardappels.
      c) Boerenkool met rookworst.

6. Waarom wilde hij wat anders eten?
      a) Hij vond Indisch eten niet lekker.
      b) Hij dacht dat hij Indisch zou worden.
      c) Hij had nog honger na Indisch eten.

7. Hoe vonden de anderen dat?
      a) Typisch Nederlands.
      b) Begrijpelijk.
      c) Belachelijk.

8. Hoe was de sfeer bij zulke gelegenheden?
      a) Raar.
      b) Stijf.
      c) Gezellig en rumoerig.

Les
20

 5 **Schrijf het verhaal van Yvonne in eigen woorden op.**

Gebruik de antwoorden van oefening 4. Lees het daarna voor.

Een stapje verder: vlotte spreektaal

 6   Chinees eten in Nederland

Als u een doorsnee Nederlander naar een traditioneel Nederlands gerecht vraagt, krijgt u waarschijnlijk – na een korte aarzeling – als antwoord: bruine bonen, stamppot of erwtensoep.

Maar dat is echt niet alles, want een belangrijk gedeelte van de Nederlandse keuken vindt u bij de Chinees. Dat is de liefdevolle beschrijving van een Chinees of Indonesisch-Chinees restaurant. Wat voor een Duitser de pizza is en voor een Amerikaan

de hotdog, dat is voor een Nederlander een loempia of een portie nasi goreng met kroepoek. Dat kun je in het restaurant eten of afhalen en thuis eten.

De volgende verschillen geven een aardig idee over het eigen karakter van de Chinese en Indonesische keuken:

Indonesisch
– meestal geen voorgerecht
– veel kruiden
– weinig varkensvlees
– gerechten zijn vaak scherp
– eten met vork en lepel

Chinees
– wel een voorgerecht
– weinig kruiden
– veel varkensvlees
– gerechten zijn vaak zoet
– eten met stokjes

 7   Wat hoort bij elkaar?

Wat betekenen de volgende spreektaal-uitdrukkingen?

spreektaal	normale taal
Een lekkere loempia zal er wel ingaan!	Ik heb genoeg gehad.
Dat loopt aardig op!	Ik doe iets goeds voor jullie.
Ik plof!	Ik heb zin in …
Ben je betoeterd?	Dat kost veel geld.
Ik snak naar …	Ik heb trek in een …
Ik zal een royaal gebaar maken.	Ik heb heel veel honger.
Ik rammel van de honger!	Ben je gek?

 8   Lees nu het stripverhaal.

Een stapje verder

  Vertel nu het verhaal na.

 **Zoek iemand die …**

	ik	medecursist
vaak Chinees eet.		
af en toe eten haalt.		
weleens Indonesisch heeft gegeten.		
zelf graag buitenlands eten kookt.		
behalve Nederlands nog andere vreemde talen spreekt.		
in het buitenland heeft gewoond.		
buitenlandse collega's/vrienden heeft.		

➲ *Eet u/je vaak Chinees?*
– Ja, vrij vaak. / Nee, ik lust het wel, maar ik eet het niet zo vaak/ dat lust ik niet.
Is er een goede Chinees vlakbij?
– …

➲ *Spreekt u/Spreek je behalve Nederlands nog andere vreemde talen?*
– Ja, ik spreek nog …. / Nee, alleen maar Nederlands.
Hebt u/Heb je weleens in het buitenland gewoond?
– …

  En u?

Schrijf op een blad papier wat uw favoriete buitenlandse muziek, gerecht, taal, persoonlijkheid, bezienswaardigheid is.
Daarna worden alle blaadjes ingezameld en in de klas opgehangen.
Wie heeft het geschreven?

12 **Lees de volgende tekst over saté.**

Saté in soorten

Saté babi en saté ajam, dat zijn de meest bekende saté-variaties. Babi staat voor varkensvlees, ajam voor kip en saté betekent dat het op stokjes geroosterd is. Maar saté hoeft helemaal niet van varkensvlees of kip te zijn. U kunt kiezen wat u wilt, als het maar snel gaar en dus mager is, zoals biefstuk, varkenshaas, kalkoenfilet, (scharrel)kipfilet of lamsbout. Snijd het vlees in blokken van 2-3 cm, of - zoals in Aziatische landen - in dunne repen. Het voordeel hiervan is dat de marinade snel kan intrekken (daar hebben ze niet overal koelkasten), en het vlees tijdens het roosteren van binnen snel gaar wordt. Dat scheelt wachttijd als je aan een kraampje staat. Maar ook blokjes stevige vis, zoals kabeljauw, schelvis en zalm en grote (cocktail)garnalen en mosselen uit de schelp zijn geschikt. Of gebruik eens blokjes tahoe, tempé of Quorn! Wat u ook gebruikt: de heerlijke smaak komt vooral van de marinade en door het roosteren boven gloeiend houtskool. En van de pindasaus natuurlijk.

Saté met pindasaus

Mijn favoriete recept! Voor de marinade: 1 uitje, 2 tenen knoflook, 2 tl bruine suiker, 1 el gembersiroop, 1 el citroensap, 3 el sojasaus, 2 el olie, mespunt geelwortel (kurkuma), 1/2 tl komijnpoeder, 1 tl laospoeder, 2 tl korianderpoeder. Rasp de ui en meng dit met knoflookpuree en de rest van de ingrediënten. Snijd dat wat u wilt roosteren in blokken, schep dit om met de marinade en zet het 2-5 uur afgedekt en koel weg. Ontsteek 1/2 uur voor etenstijd de barbecue. Voor de pindasaus: 1 uitje, 2 tenen knoflook, 1 el olie, 200 g pindakaas, 1 el citroensap, 2 el appelstroop, 1 tl sambal trassi, 2 dl santen, water, ketjap, 40 g pinda's, 2 el geraspte kokos. Bereiding: snipper het uitje en fruit het met de knoflookpuree. Roer pindakaas, citroensap, appelstroop, sambal en santen erbij en breng dit al roerend tegen de kook aan. Laat de saus indikken en voeg steeds wat water toe, zodat de saus mooi van dikte wordt. De saus mag niet echt koken. Breng op smaak met ketjap. Hak de pinda's fijn en roer ze met wat geraspte kokos bij de saus. Rijg de gemarineerde stukjes per 3-4 aan (in water voorgeweekte) satéstokjes. Rooster de saté 10-15 min. en keer de stokjes regelmatig een slagje. Serveer de pindasaus erbij.

Nederland – *ander*land

MINDERHEDEN IN NEDERLAND

In Nederland is circa 7,5% van de bevolking uit het buitenland afkomstig. Daarbij gaat het om personen uit de landen rond de Middellandse Zee, die in Nederland zijn komen werken, uit de (voormalige) overzeese gebiedsdelen Indonesië, Suriname en de Nederlandse Antillen. Het aantal allochtonen* neemt nog toe: door geboorteaanwas, door gezinshereniging en gezinsvorming en door de komst van grote aantallen asielzoekers naar Nederland. Het minderhedenbeleid* is gericht op de opvang en inburgering van de nieuwkomers. Het inburgeringsbeleid heeft een sterk preventief karakter. Getracht wordt in een zo vroeg mogelijke fase van het integratieproces problemen te voorkomen. Behalve in de opvang van nieuwkomers uit zich dat in maatregelen gericht op allochtone jongeren en hun ouders in de voor- en buitenschoolse sfeer. Daarnaast wordt de acceptatie van de multiculturele samenleving bevorderd, wat de samenleving toegankelijker maakt voor allochtonen.

allochtoon (de ~ (m.); iemand die afkomstig is uit een ander land, of wiens familie afkomstig is uit een ander land; het tegenovergestelde van 'autochtoon'

beleid (het ~); manier waarop je een belangrijke zaak aanpakt, politiek

uit een publicatie van het Ministerie van Justitie

Samenvatting

Grammatica

Nationalitäten

adjectief/mannelijke inwoner

Grieks/Griek
Amerikaans/Amerikaan
Deens/Deen
Frans/Fransman
Engels/Engelsman
Belgisch/Belg
Zwitsers/Zwitser
Marokkaans/Marokkaan
Italiaans/Italiaan
Russisch/Rus
Zuid-Afrikaans/Zuid-Afrikaan
Chinees/Chinees
Portugees/ Portugees
Indonesisch/Indonesiër
Spaans/Spanjaard
Oostenrijks/Oostenrijker
Turks/Turk

Les 20

Uitdrukkingen

Dat lust ik (niet).
Spreek je behalve Nederlands nog andere vreemde talen?

spreektal

Een lekkere loempia zal er wel ingaan!
Dat loopt aardig op!
Ik plof!
Ben je betoeterd?
Ik snak naar ...
Ik rammel van de honger!

14 **(pagina 31) Vraag uw partner naar de ontbrekende informatie.**

Cursist B: U ziet hier de namen van zes nieuwe collega's, die allemaal op Schiphol werken. Vraag uw partner naar de ontbrekende informatie.

Teilnehmer B: Sie sehen hier die Namen von sechs neuen Kollegen, die alle am Flughafen Schiphol (Amsterdam) arbeiten. Fragen Sie Ihren Partner nach den fehlenden Informationen.

Voornaam	**Annette**	**Joke**	**Margriet**	**Heinz**	**Danny**	**Joe**
Achternaam	**Schulz**			**Kastner**	**Felber**	
Komt uit ...	**Oostenrijk**		**Nederland**			**Engeland**
Hoe is hij/zij?		**romantisch, netjes**		**grappig, slordig**		**serieus, optimistisch**

Vraag naar: achternaam, herkomst en eigenschappen.

➲ *Wat is Jokes achternaam?*
Komt Joke uit Nederland? / Waar komt Joke vandaan?
Is Margriet sportief? / Hoe is Margriet?

 9 **(pagina 61) Vraag een medecursist naar de ontbrekende informatie.**

	beroep	waar	hoe lang?
Jan-Willem	ambtenaar	op het stadhuis	
Mariska	verkoopster		2 jaar
mevrouw De Wit			bijna 10 jaar
Hendrik			6 maanden
meneer Heeskens		in zijn eigen winkel	
Rieke	secretaresse	bij de Bijenkorf	
uw partner			

➲ *Wat voor werk doet mevrouw De Wit?   En waar werkt zij?   Hoe lang werkt zij daar?*
– Zij is ...   – ...   – Al/Sinds ... jaar.

10 (pagina 39) **Vraag een medecursist.**

Cursist B: U ziet hier een foto van de familie Mulder. Uw partner heeft een andere foto van deze familie. Vraag aan uw partner of dezelfde personen op zijn/haar foto staan.

Formuleer vragen op deze manier:

➲ *Staat er een man met een baard op uw/jouw foto?*
– Ja, inderdaad. / Nee, op mijn foto staat geen man met een baard.

Zijn er vier kinderen op uw/jouw foto te zien?
– Ja, inderdaad. / Nee, ik zie er maar drie.

Is er een vrouw met blond haar op uw/jouw foto?
– Ja, er is een vrouw met blond haar. / Nee, ik zie geen vrouw met blond haar.

Staat er een oude vrouw met een hond op uw/jouw foto?
– ...

(pagina 80) Waar is de Korenmarkt?

Cursist B: U staat voor het station en zoekt:
1. het ziekenhuis 2. de Korenmarkt 3. de VVV 4. de PTT
Uw partner weet waar dat is. Gebruik volgende zinnen:

➡ *Pardon mevrouw/meneer, waar is de ...? – Ja, u gaat ... en dan ...*
weet u waar ... is? U komt langs/door ...
ik zoek het/een ...? Dan gaat u ...

(pagina 141) Zoek samen de verschillen.

Cursist B: U ziet hier een aantal levensmiddelen op het plaatje. Op het plaatje van uw partner staan ook levensmiddelen, maar niet allemaal dezelfde. Probeer door vragen te stellen te weten te komen hoeveel verschillen er zijn.
Formuleer vragen op deze manier:

➡ *Heeft u/Heb je een paar bananen op uw/jouw plaatje?*
– Ja, inderdaad. / Nee, ik heb geen bananen. Heeft U/Heb je ...?

Anhang

Wörterverzeichnis nach Lektionen

Die mit Stern gekennzeichneten Verben haben unregelmäßige Vergangenheitsformen.
Eine Liste der wichtigsten unregelmäßigen Verben befindet sich im Arbeitsbuch.

Lektion 1

Ü
dag	(Guten) Tag
basiswoorden	Grundwortschatz
begroeting	Begrüßung

1
vul in (invullen)	ausfüllen
juist	richtig
Goedemorgen!	Guten Morgen!
Goedemiddag!	(Guten Nachmittag!)
Goedenavond!	Guten Abend!
Goedenacht!	Gute Nacht!

2
aandacht voor	Aufmerksamkeit für
kennismaken	sich kennen lernen
jezelf voorstellen	sich vorstellen
luister (luisteren)	hören Sie zu
Wat hoort bij elkaar?	Was passt zusammen?
horen	(hier:) gehören
in het ziekenhuis	im Krankenhaus
op een camping	auf einem Campingplatz
op kantoor (het kantoor)	im Büro
op de Spaanse les	im Spanischkurs

3
de dialoog	Dialog
ik ben (zijn*)	ich bin (sein)
hallo	hallo
Dat klinkt nogal Duits. (klinken*)	Das klingt ziemlich deutsch. (klingen)
Kom je uit Duitsland?	Kommst du aus Deutschland?
ja	ja
dat klopt	das stimmt
kloppen	stimmen
En waar kom je vandaan?	Und woher kommst du?
komen*	kommen
geboren	geboren
het dorpje	kleines Dorf
vlakbij	(ganz) in der Nähe von
maar	aber
nu	jetzt
woon (wonen)	wohnen
Berlijn	Berlin
jij	du
uit	aus
nieuw	neu
de collega	Kollege/Kollegin
Bent u meneer Smit?	Sind Sie Herr Smit?
nee	nein
dat is	das ist
o!	Oh!

Oostenrijk	Österreich
zit (zitten*)	sitzen
hier	hier
al	schon
iemand	jemand
nee hoor	nein (betont)
mevrouw	Frau (Anrede)
de stoel	Stuhl
nog	noch
vrij	frei
Dank u.	Danke schön.
Prettig met u kennis te maken.	Freut mich/Angenehm mit Ihnen Bekanntschaft zu machen
ook	auch

4
schrijf op (opschrijven*)	schreib(en Sie) auf
de naam	Name
hij	er
zij / ze	sie (Sg.)

5
passend	passend
de uitdrukking	Ausdruck

6
En u?	Und Sie?
stel uzelf voor	stellen Sie sich vor
zich voorstellen	sich vorstellen
aan	an
andere	andere
de cursist(e)	Kursteilnehmer(in)
let op (opletten)	aufpassen

7
vertel aan (vertellen)	erzählen
de klas	Klasse
dit	das (dies)

8
stad (Pl.: steden)	Stadt
de Nederlander/ Nederlandse	Niederländer/ Niederländerin
daar	dort
gaan*	gehen, fahren
de Duitser	Deutscher

9
het tekstballonnetje	Sprechblase
Aken	Aachen
Tot ziens!	Auf Wiedersehen!

10
fictief	fiktiv
de woonplaats	Wohnort
het briefje (de brief)	(hier:) Zettel(chen)
geef (geven*)	geben
de docent(e)	Dozent(in)

12
het stapje (de stap)	Schritt(chen)
verder	weiter
het alfabet	Alphabet

13
de keer	Mal

Wörterverzeichnis nach Lektionen

welk(e)	welche(r/s)
de letter	Buchstabe
heel anders	ganz anders

14

kunt (kunnen*)	können
deze	diese(r/s)
de afkorting	Abkürzung
uitspreken*	aussprechen
het IQ	IQ
de tv	TV, Fernsehen
de VVV	Fremdenverkehrsamt
de KLM	KLM, ndl. Fluglinie
G.G.D (Gemeentelijke Geneeskundige Dienst)	Gesundheitsamt
de TPG	Post
a.u.b.	bitte
de ANWB	ndl. ADAC
het KNMI	ndl. Wetterdienst
kent (kennen)	kennen

15

even	eben
spellen	buchstabieren
vraag (vragen*)	fragen
medecursist(e)	Mitlernende(r)
naar	nach
zijn	sein(e)
haar	ihr(e)
hoe	wie
heet (heten*)	heißen

16

extra	extra
Europa	Europa
zet (zetten)	setzen
van	von
het land	Land
de plaats	Platz, Stelle
de zone	Zone
verdeeld (verdelen)	eingeteilt (einteilen)
waaruit	woraus
kiezen*	wählen, auswählen
of	oder
zo	wenn
wilt (willen*)	wollen
de kaart	Karte
hierboven	(hier) oben
het overzicht	Übersicht
Engeland	England
Finland	Finnland
Nederland	die Niederlande
Klein-Joegoslavië	Rest-Yugoslawien
België	Belgien
Tsjechië	Tschechische Republik
Wales	Wales
Hongarije	Ungarn
Roemenië	Rumänien
Schotland	Schottland
Zwitserland	Schweiz
Italië	Italien

Kroatië	Kroatien
Ierland	Irland
Portugal	Portugal
Luxemburg	Luxemburg
Frankrijk	Frankreich
Noorwegen	Norwegen
Zweden	Schweden
Griekenland	Griechenland
Macedonië	Mazedonien
Bulgarije	Bulgarien
Turkije	Türkei
Polen	Polen
Slovenië	Slowenien
Slowakije	Slowakische Republik
Spanje	Spanien
Denemarken	Dänemark

S

de samenvatting	Zusammenfassung
grammatica	Grammatik

Lektion 2

Ü

Hoe gaat het?	Wie geht es? / Wie geht's?

1

het antwoord	Antwort
jou	dir / dich
volgende	folgende
goed	gut, richtig
de volgorde	Reihenfolge
positief	positiv
Het gaat wel.	Es geht (schon).
negatief	negativ
uitstekend	hervorragend
fantastisch	fantastisch
niet zo goed	nicht so gut
prima	prima
hartstikke goed	total (= sehr) gut
slecht	schlecht
O, best.	Oh, gut

2

de persoon	Person

3

loop door de klas	gehen Sie durch das Klassenzimmer
lopen*	gehen, laufen
hen	sie / ihnen
hoe het met hen gaat	wie es ihnen geht
Hoe gaat het met u/je?	Wie geht es Ihnen/dir?
mij	mir / mich

4

de patiënt(e)	Patient(in)
de vrouw	Frau
de toerist(e)	Tourist(in)
de vriend	Freund
bij elkaar	zueinander

Wörterverzeichnis nach Lektionen

5

vandaag	heute
de vakantie	Ferien, Urlaub
werk (werken)	arbeiten
boffen	Glück haben
het weer	Wetter
pardon	pardon
Wat zeg je?	Was sagst du?
zeggen*	sagen
bedoel (bedoelen)	meinen
jullie	ihr / euch
geluk hebben*	Glück haben
lekker	(hier:) schön
onze	unser(e)
Welkom op de afdeling.	Willkommen in der Abteilung.
Dank je wel	Danke schön.
nou	(hier:) nun, ach
mag ik u even voorstellen?	darf ich Sie (mal) vorstellen?
spreekt (spreken*)	sprechen
het Nederlands	Niederländisch
beetje	bisschen
mijn dochter	meine Tochter
in de buurt	in der Nähe/Gegend
mag (mogen*)	dürfen
Hoe maakt u het? (maken)	Wie geht es Ihnen? (machen)
leert (leren)	(hier:) lernen
het Spaans	Spanisch
probeer (proberen)	versuchen

6

Wie is dat?	Wer ist das?
dezelfde	der-/die-/dasselbe
les	Kurs, Unterricht
als	(hier:) wie

8

speel na (naspelen)	nachspielen
zelf	selbst
de situatie	Situation

9

de vriendin	Freundin
oud	alt

10

Hoi, hoe gaat het ermee?	Hallo, wie geht's?
ermee	(damit)
de man	Mann, (hier:) Ehemann

11

de kennis	Bekannte(r)
kennen elkaar niet	kennen einander nicht
eens	mal
hem	ihn / ihm

12

de foto	Foto
de tekst	Text
bekenden	Bekannten
jong	jung
de mens	Mensch, hier: Person

gewoon	einfach
natuurlijk	natürlich, selbstverständlich
ouder	älter
de oma	Oma
automatisch	automatisch
vind (vinden*)	finden
correct	korrekt
de generatie	Generation
liever	lieber
soms	manchmal
de familie	Familie, Verwandtschaft
alleen	(hier:) nur
als	wenn
alle	alle
ons	uns
normaal	normal, üblich
onder	unter, unten
de huisvrouw	Hausfrau
de arts	Arzt
de administratief medewerker	Büroangestellter
de student(e)	Student(in)

13

we	wir
het argument	Argument
beter	besser
vriendelijk	freundlich
toch	doch
onvriendelijk	unfreundlich
moet (moeten*)	müssen
leuk	nett

14

het getal	Zahl
nul	Null

15

kruis aan (aankruisen)	ankreuzen
horen	hören

16

vanaf	von (ab)
het spoor	Gleis
vertrekt (vertrekken*)	abfahren
de trein	Zug
Keulen	Köln
Parijs	Paris

17

plus	plus
maal	mal
gedeeld door (delen)	geteilt durch (teilen)
enz.	usw.
min	minus

18

de lijst	Liste
het adres	Adresse
de achternaam	Nachname
kan (kunnen*)	können
jouw	dein(e)
de straatnaam	Straßenname

Wörterverzeichnis nach Lektionen

opbellen	anrufen
het telefoonnummer	Telefonnummer
misschien	vielleicht
geen	kein(e/r)
de e-mailadres	E-Mail-Adresse
de pc	PC (Computer)
uw	Ihr(e)
de telefoon	Telefon
het mobieltje (de mobiele telefoon)	Handy
de gsm(-telefoon)	Handy
het kengetal	Vorwahl

19

neem (nemen*)	nehmen
de avond	Abend
hetzelfde	dasselbe

N-a

groetjes (de groet)	Grüße
mis (missen)	vermissen
verrassen	überraschen
laat (laten*)	lassen
krassen	kratzen, (hier:) rubbeln
om	um
me	mir / mich
Ik hou(d) van je. (houden* van)	Ich liebe dich. (lieben)
gauw	schnell
xxx-jes	Küsschen
het geintje	Scherz, Spaß
zomaar	einfach so
wanneer?	wann?
het geheim	Geheimnis
de postzegel	Briefmarke
verkrijgbaar	erhältlich
het postkantoor	Postamt
het velletje	Bogen
verschillend	unterschiedlich
de boodschap	(hier:) Nachricht
wij zorgen ervoor	wir sorgen dafür

Lektion 3

1

Hoe is ze?	Wie ist sie?
karaktereigenschap	Charaktereigenschaft
beschrijving	Beschreibung
past (passen)	passen
slordig	unordentlich
druk	lebhaft
sportief	sportlich
romantisch	romantisch
pessimistisch	pessimistisch
grappig	lustig

2

erg	sehr

3

volgens mij	meiner Meinung nach
doe (doen*)	tun, (hier:) machen

de persoonlijkheidstest	Persönlichkeitstest
het type	Typ
stil	ruhig, zurückhaltend
netjes	ordentlich
serieus	ernst(haft)
optimistisch	optimistisch
realistisch	realistisch
gevoelig	sensibel

4

het woord	Wort
een beetje	ein bisschen
heel (erg)	ganz (schön)
helemaal niet	überhaupt nicht

5

best wel	so ziemlich

6

dan	dann
allebei	beide

7

beschrijven*	beschreiben
blond	blond
het meisje	Mädchen
het kopieerapparaat	Kopiergerät
naast	neben
slank	schlank
klein	klein
het plaatsje (de plaats)	Ort, Örtchen
kijkt (kijken*)	schauen, sehen
aardig	nett
inderdaad	tatsächlich
iedereen	jede(r)
zoals	wie

8

beantwoord (beantwoorden)	beantworten
het uiterlijk	Aussehen
ziet ... eruit (zien*)	sieht ... aus (sehen)
groot	groß
het kind	Kind

9

brainstormen	brainstormen
gebruikt (gebruiken)	vewenden
gezellig	gemütlich
beleefd	höflich
lief	lieb

10

de vader	Vater
de broer	Bruder
de zoon	Sohn
de oom	Onkel
de neef	Neffe, Vetter
de opa	Opa
de zwager	Schwager
de moeder	Mutter
de zus	Schwester
de tante	Tante
de nicht	Nichte, Cousine
de schoonzus	Schwägerin

Wörterverzeichnis nach Lektionen

11

over	über
hun	ihren
beste	beste(r)
de informatie	Information
de relatie	Beziehung

12

de klasgenoot	Klassenkamerad
de buurvrouw	Nachbarin
mijn	mein(e)
de buurman	Nachbar
de vrouw	(Ehe-)Frau

13

weten*	wissen
te weten komen*	etwas erfahren

14

de partner	Partner
ontbrekend	fehlend
de pagina	Seite
allemaal	alle
Schiphol	Amsterdamer Flughafen
werken	arbeiten
de voornaam	Vorname
de herkomst	Herkunft
de eigenschap	Eigenschaft

15

volgens dit schema	nach diesem Schema
het paar	paar

16

het uiterlijk beschrijven*	das Aussehen beschreiben
blauw	blau
het oog	Auge
donker	dunkel
lang	lang
de snor	Schnurrbart
bruin	braun
attractief	attraktiv
de baard	Bart
draagt (dragen*)	tragen
de bril	Brille
kort	kurz
mooi	schön
kaal	kahl
dik	dick
knap	hübsch

17

erbij	dabei

18

Mijn zussen?	Meine Schwestern?
Ik vind ze erg knap.	Ich finde sie sehr schön.
de tweeling	Zwillinge
het verschil	Unterschied
Hoe ik eruit zie?	Wie ich aussehe?
valt op (opvallen*)	auffallen
de lengte	Größe
staat (staan*)	stehen

19

teken (tekenen)	zeichnen
zoek (zoeken*)	suchen
het boek	Buch
het plaatje	Abbildung
vergelijk (vergelijken*)	vergleichen
het resultaat	Resultat

N-a

liefs	liebe Grüße
de hulp	Hilfe
duizenden	Tausenden
enorm	enorm
geholpen (helpen*)	helfen
afgelopen	vergangen
de tijd	Zeit(raum)
zal (zullen*)	werden
nooit	nie
vergeten*	vergessen
liefst	liebst
mama	Mama
bedankt	danke
de vriendschap	Freundschaft
veel	viel
betekent (betekenen)	bedeuten
de steun	Unterstützung
de buur	Nachbar
de gezelligheid	Gemütlichkeit
gek	verrückt
allerliefst	allerliebst
mooist	allerschönst
gezelligst	gemütlichst
die er bestaat (bestaan*)	die es gibt
het kusje (de kus)	Küsschen
fijn	fein
zo'n	so ein(e)
het zusje (de zus)	Schwester(chen)
blijf (blijven*)	bleiben

S

getrouwd (trouwen)	verheiratet (heiraten)
het ras	Rasse
vals	falsch, bösartig

Lektion 4

Ü

hoeveel	wie viel?

1

duizend	Tausend
miljoen	Million

2

het cijfer	Ziffer
lees (lezen*)	lesen
schrijft (schrijven*)	schreiben

3

de quiz	Quiz
de provincie	Provinz

Wörterverzeichnis nach Lektionen

de inwoner	Einwohner
breken*	brechen
het been	Bein
tijdens	während
de wintersportvakantie	Skiurlaub

4

denken*	denken
geloof (geloven)	glauben
weet (weten*)	wissen

5

Waar of niet waar?	Richtig oder falsch?
het kaartje	Fahrkarte
de baby	Baby
de hoed	Hut

6

neemt u me niet kwalijk	nehmen Sie es mir nicht übel
gelijk hebben*	Recht haben
eigenlijk	eigentlich
Amerika	Amerika
sinds	seit
Goh, wat spreekt u goed Nederlands!	Wow, Sie sprechen aber gut Niederländisch!
het dochtertje	Tochter (Töchterchen)
reist (reizen)	reisen
eerst	erst
de conducteur	Schaffner
het plaatsbewijs	Fahrausweis
alstublieft	bitte schön

7

de stamboom	Stammbaum
het gezin	Familie
de hond	Hund
de kat	Katze
het huisdier	Haustier

10

formuleer (formuleren)	formulieren Sie
de manier	Art
inderdaad	tatsächlich
de poes	Katze

11

de minuut	Minute
de seconde	Sekunde
het uur	Uhr
de week	Woche
de dag	Tag
half	halb
het kwartier	Viertelstunde
de maand	Monat
de eeuw	Jahrhundert
het jaar	Jahr

12

Hoe laat is het?	Wie spät ist es?
het kwart	Viertel
over	nach
voor	vor
bijna	fast
's ochtends	morgens

's morgens	morgens
's middags	nachmittags
's avonds	abends
's nachts	nachts
vanmorgen	heute Morgen
vanmiddag	heute Mittag
vanavond	heute Abend
vannacht	heute Nacht
maandag	Montag
dinsdag	Dienstag
woensdag	Mittwoch
donderdag	Donnerstag
vrijdag	Freitag
zaterdag	Samstag
zondag	Sonntag
het weekend	Wochenende

13

begint (beginnen*)	beginnen, anfangen
de film	Film
dus	also
iets	etwas
die	(hier:) der
duurt (duren)	dauern
precies	genau
anderhalf	anderthalb

14

geopend	geöffnet
Artis	Amsterdamer Tierpark
het museum	Museum
de gracht	Gracht, Kanal
de rondvaart	Rundfahrt
dagelijks	täglich

N-a

de statistiek	Statistik
tussen	zwischen
de baan	Job, Arbeitsstelle
per week	pro Woche
meer	mehr
tegenover	gegenüber
Europees	europäisch
hoogst	höchst
laagst	niedrigst
de volledige baan	Ganztagsstelle
ligt (liggen*)	liegen
rond	rund
part-time	Teilzeit
ongeveer	ungefähr
de bron	Quelle
grootst	größt
fietsfanaat	Fahrradfanatiker
de fiets	Fahrrad
werden verkocht (worden*, verkopen*)	wurden verkauft (werden, verkaufen)
behalen	einnehmen
daarmee	damit
vijfde	fünfte
bovenaan	oben
een totaal van	insgesamt

Wörterverzeichnis nach Lektionen

het aantal	Anzahl
het marktonderzoek	Marktforschung
de raming	Schätzung

Lektion 5

Ü

ophouden	aufhören
sta op (opstaan*)	aufstehen
het leven	Leben

1

ontbijten*	frühstücken
zich aankleden	sich anziehen
het bed	Bett
slapen*	schlafen
douchen	duschen

2

de activiteit	Aktivität

3

zich wassen*	sich waschen
de school	Schule
lunchen	zu Mittag essen
boodschappen doen*	Lebensmittel einkaufen

4

de dagindeling	Tageseinteilung
praten	sprechen
Daar denk ik heel anders over.	Da bin ich ganz anderer Meinung.
iedere dag	jeden Tag
uitslapen*	ausschlafen
de hele dag	den ganzen Tag
blijven*	bleiben
Jawel!	Doch!
altijd	immer
het ding	Ding
het terras	Terrasse
op mijn gemak	in Ruhe
daarna	danach
het kopje	Tasse (Tässchen)
de koffie	Kaffee
drinken*	trinken
op stap	unterwegs
de markt	Markt
winkelen	einkaufen, Schaufensterbummel machen
Hou maar op!	Hör bloß auf!
Ik word al moe als ik het hoor!	Ich werde schon müde, wenn ich das höre!
moe	müde
niks	nichts
luieren	faulenzen
het krantje lezen*	Zeitung lesen
overleggen	überlegen
eten*	essen
kunnen wij beter niet	sollen wir lieber nicht

samen op vakantie gaan	zusammen in Urlaub fahren
zeg dat wel!	das kannst du laut sagen!

5

spreektaal	gesprochene Sprache
schrijf op (opschrijven*)	aufschreiben
bijzonder	besonders
informeel	informell
het (niet) met elkaar eens zijn	(nicht) einer Meinung sein
Ik vind van niet.	Das finde ich nicht.
Daar ben ik het niet mee eens.	Damit bin ich nicht einverstanden.
Dat vind ik wel.	Das finde ich sehr wohl so.

6

het ontbijt	Frühstück
klaarmaken	(zu)bereiten, machen
drink (drinken*)	trinken
de thee	Tee
begin (beginnen*)	beginnen, anfangen
naar huis	nach Hause
het huishouden	Haushalt, Hausarbeit
de afwas	Abwasch
we gaan ook wel eens uit (uitgaan*)	wir gehen auch schon mal aus/weg (ausgehen)
meestal	meistens
na	nach (zeitlich)

7

fout	fehlerhaft, falsch
de zin	Satz
verbeteren	verbessern, korrigieren

8

vaak	oft
af en toe	ab und zu

9

het jazzballet	Jazzballett
het avondeten	Abendessen
ruimt op (opruimen)	aufräumen

11

de melk	Milch
de ham	Schinken
de boter	Butter
de yoghurt	Joghurt
de jam	Marmelade
het ei	Ei
de hagelslag	Schokoladenstreusel
de suiker	Zucker
de honing	Honig
het fruit	Obst
de ontbijtkoek	Frühstückskuchen
de pindakaas	Erdnussbutter
de muesli	Müsli
de boterham	Brotscheibe
de kaas	Käse
het sinaasappelsap	Orangensaft
het broodje	Brötchen
de worst	Wurst

Wörterverzeichnis nach Lektionen

12
door de week — unter der Woche

13
toe — zu, dazu

N-a
belangrijk — wichtig
het bezoek — Besuch
meteen — gleich, sofort
snel — schnell, direkt
weg — weg
van harte welkom — herzlich willkommen
ieder — jede(r/s)
het koekje — Plätzchen, Keks
de koektrommel — Keksdose
dicht — zu
onhartelijk — unfreundlich
zichzelf — sich selbst
tweede — zweite(r)
straks — gleich, nachher
bespreken* — besprechen
bijvoorbeeld — zum Beispiel
zullen* — sollen

Lektion 6

Ü
gisteren — gestern
gedaan (doen*) — tun
gezegd (zeggen*) — sagen
gegaan (gaan*) — gehen

1
hoezo — wieso?
de specialiteit — Spezialität
gevraagd (vragen*) — fragen

2
de werkwoordsvorm — Verbform
de cartoon — Cartoon
de infinitief — Infinitiv
het perfectum — Perfekt, zusammen-
gesetzte Vergangenheit

3
zo'n dag — so ein Tag
gehad (hebben*) — haben
opgestaan (opstaan*) — aufstehen
waarom — warum?
de kleren — Kleider
 (het kledingstuk)
aangetrokken — anziehen
 (aantrekken*)
m'n — mein
de sokken — Socken
tenminste — (hier:) wenigstens
gezet (zetten) — machen, kochen
de hemel — Himmel
terug — zurück
niets — nichts
gegeten (eten*) — essen

de sleutel — Schlüssel
gezocht (zoeken*) — suchen
de reserve — Reserve
gekocht (kopen*) — kaufen
nat — feucht, nass
het tuinpad — Gartenweg
uitgegleden (uitglijden*) — ausrutschen
de bus — Autobus
weggereden (wegrijden*) — wegfahren
toen — (hier:) dann
genomen (nemen*) — nehmen
alles — alles
geweest (zijn*) — sein
de lekke band — Platten (Fahrrad)
het feest — Fest
zoiets — so etwas
vlug — schnell, rasch
gerepareerd (repareren) — reparieren
geleerd (leren) — lernen
de lift — Mitfahrgelegenheit
ach — ach
thuisgebleven — zu Hause bleiben
 (thuisblijven*)

5
het gedicht — Gedicht
het participium — Partizip
het werkwoord — Verb, Tätigkeitswort
rijden* — fahren

6
de groep — Gruppe
het hulpwerkwoord — Hilfsverb
vorig — vorig, letzt
eergisteren — vorgestern
twee weken geleden — vor zwei Wochen

8
de speeltuin — Spielplatz
koken — kochen
de bioscoop — Kino

10
fietsen — Rad fahren
de krant — Zeitung lesen
gelezen (lezen*) — lesen
gekeken (kijken*) — sehen
ontmoet (ontmoeten*) — treffen, begegnen

12
verzint (verzinnen*) — sich ausdenken
het smoesje — Ausrede
gisteravond — gestern Abend
de afspraak — Verabredung
de miss — Miss
de koningin — Königin
de prijs — Preis
de loterij — Lotterie
gewonnen (winnen*) — gewinnen

13
bezocht (bezoeken*) — besuchen
het eindexamen — Abschlussprüfung,
 Abitur

Wörterverzeichnis nach Lektionen

oudst	(hier:) erste(r)
verhuisd (verhuizen)	umziehen
thuis	zu Hause
gebleven (blijven*)	bleiben
gekregen (krijgen*)	bekommen
verbouwd (verbouwen)	umbauen
14	
zonder	ohne
noemen	(hier:) nennen
raden*	raten
wie er bedoeld is	wer gemeint ist
N-a	
de verjaardagskalender	Geburtstagskalender
hangt (hangen*)	hängen
de binnenkant	Innenseite
de deur	Tür
de kalender	Kalender
de verjaardag	Geburtstag
echt	echt, wirklich
wordt (worden*)	werden
het gezin	Familie
gefeliciteerd (feliciteren)	gratulieren
de jarige	Geburtstagskind
het cadeau	Geschenk
Hartelijk gefeliciteerd met je verjaardag!	Herzlichen Glückwunsch zu deinem Geburtstag!

Lektion 7

Ü	
En wat voor werk doe jij?	Und was machst du (beruflich)?
het beroep	Beruf
1	
de (politie)agent(e)	Polizist(in)
de groenteman	Gemüsehändler
de tuinman	Gärtner
de secretaresse	Sekretärin
de kapper	Friseur
de opticien	Optiker
de orgelman	Drehorgelspieler
de fietsenmaker	Fahrradhändler
2	
de assistent	Mitarbeiter, Assistent
de leraar	Lehrer
de tekenaar	Zeichner
de apotheker	Apotheker
de apothekeres	Apothekerin
de verkoper/verkoopster	Verkäufer(in)
de groepsleider/ groepsleidster	Gruppenleiter(in)
de kapster	Friseurin, Friseuse
de verpleegster	Krankenschwester
de boekhouder	Buchhalter
de chauffeur	Fahrer
de chauffeuse	Fahrerin
de dominee/domina	Pfarrer(in)

de predikant(e)	Pfarrer(in)
de secretaris	Sekretär
de monteur	Mechaniker
ambtenaar	Beamte(r)
werkloos	arbeitslos
4	
bevallen*	gefallen
jammer	leider, schade
meewerken	mitarbeiten
voor het eerst	zum ersten Mal
namelijk	nämlich
boord	Bord
buiten	draußen
zeker	sicher, gewiss
daarom	darum
momenteel	momentan
5	
het gesprek	Gespräch
hard	laut
Dan heb je je handen vol!	Dann hast du alle Hände voll zu tun!
later	später
groter	größer
6	
de fabriek	Fabrik
de winkel	Geschäft
het warenhuis	Kaufhaus
het restaurant	Restaurant
het bedrijf	Betrieb, Firma
7	
de supermarkt	Supermarkt
9	
telefoneren	telefonieren
de brief	Brief
stofzuigen	staubsaugen
verkopen*	verkaufen
raad geven*	jdn. beraten, einen Rat geben
het brood snijden*	Brot schneiden
de file	Stau
de huisman	Hausmann
de buschauffeur	Busfahrer
10	
maakt schoon (schoonmaken)	sauber machen, putzen
koffiepauze hebben*	Kaffeepause haben
11	
zijn	sein(e)
12	
de personeelsadvertentie	Stellenanzeige
tegenkomen*	(hier:) sehen, antreffen
de functie	Funktion, Tätigkeit
de taak	Aufgabe
de eis	Anforderung
het salaris	Gehalt
de sollicitatiewijze	Bewerbungsart
inhouden*	beinhalten
de omschrijving	Umschreibung

Wörterverzeichnis nach Lektionen

genoemd (noemen)	nennen
men	man
de sollicitant	Bewerber
bv. (bijvoorbeeld)	z. B.
de opleiding	Ausbildung
de ervaring	Erfahrung
het geld	Geld
regelmatig	regelmäßig
de arbeidsvoorwaarden	Arbeitsbedingungen
de werkuren	Arbeitsstunden
de pensioenregeling	Renten- / Pensions-regelung
de vakantiedag	Urlaubstag
de inlichting	Information
solliciteren	bewerben
schriftelijk	schriftlich
persoonlijk	persönlich

13

bovenstaand	vorstehend, obengenannt
het diploma A(lgemeen)-verpleegkundige	Diplom Krankenpfleger-Ausbildung
HBO-V (Hoger Beroeps-onderwijs Verpleegkundige)	Fachhochschule für Krankenpfleger
breed	breit
de basis	Grundlage
de verpleegafdeling	Pflegestation
het team	Team
het onderzoek	Untersuchung
de behandeling	Behandlung
verrichten	erledigen, ausführen
geboden (bieden*)	bieten
collegiaal	kollegial
de werksfeer	Arbeitsatmosphäre
de honorering	Gehalt
afhankelijk	abhängig
FWG (Functie-waarderingssysteem Gezondheidszorg)	funktionsbezogenes Personalbeurteilungs-system
maximaal	maximal
bruto	brutto
de 36-urige werkweek	36-Stunden-Woche
de werkweek	Arbeitswoche
CAO (Collectieve Arbeidsovereenkomst)	Tarifvertrag
het ziekenhuiswezen	Krankenhauswesen
t.a.v.	zu Händen von
de postbus	Postfach
de sollicitatie	Bewerbung
binnen	innerhalb
richten	richten
eigen	eigene(r/s) ·
de baas	Chef
de schaduw	Schatten
de zomer	Sommer
het buitenland	Ausland
de taal	Sprache
onderstaand	nachstehend

de kinderanimator	Kinderanimateur
enthousiast	begeistert
flexibel	flexibel
servicegericht	auf Service ausgerichtet
de instelling	Einstellung
het Engels	Englisch
het Frans	Französisch
het Italiaans	Italienisch
uiteraard	selbstverständlich
vooraf	im Voraus, vorab
uitgebreid	ausführlich, umfangreich
de training	Training
netto	netto
de accommodatie	Unterkunft
de verzekering	Versicherung
de reiskostenvergoeding	Reisekostenerstattung
beschikbaar	verfügbar
de periode	Zeitraum
april	April
oktober	Oktober
bellen	anrufen
de functieomschrijving	Tätigkeitsbeschreibung
het sollicitatieformulier	Bewerbungsformular

N-a

de beeldende kunstenaar	bildender Künstler
de etser	Radierer
het onderwerp	Thema
etsen	radieren
het landschap	Landschaft
de polder	Polder, Marschland
de rivier	Fluss, Strom
de boom	Baum
het schip (Pl.: schepen)	Schiff
kleinst	kleinst
het detail	Einzelheit
uitwerkt (uitwerken)	ausarbeiten
de compositie	Komposition
het standpunt	Standpunkt, Ansicht
interessant	interessant
het beeld	bildhaft
typisch	typisch
opgegroeid (opgroeien)	aufwachsen
de bollenstreek	Bollenstreek (Land-strich, in dem Blumen-zwiebeln gezüchtet werden)
Zuid-Holland	Süd-Holland
begonnen (beginnen*)	beginnen
de cursus	Kurs
de Vrije Academie	Kunstakademie
de avondcursus	Abendkurs
koninklijk	königlich
gevolgd (volgen)	belegen, besuchen
zelfstandig	selbstständig
werkzaam	tätig
a/d Rijn	am Rhein
exposeren	ausstellen

Wörterverzeichnis nach Lektionen

o.a. (onder andere)	u.a.
het deel	Teil
de kunstmarkt	Kunstmarkt
de wandeltocht	Wanderung
het schetsboekje	Skizzenbuch
het fototoestel	Fotoapparat
de hand	Hand
de wijze	Art und Weise
verzamelen	sammeln
de gegevens (het gegeven)	Informationen
zonovergoten	sonnenbeschienen
het zandpad	Sandweg
de sloot	Wassergraben
meent (menen)	meinen, denken
miniatuur	miniatur
de IJssel	IJssel
het atelier	Atelier
voeg samen (samenvoegen)	zusammenfügen
karakteristiek	charakteristisch
het element	Element
bestaan*	bestehen, existieren
de werkelijkheid	Wirklichkeit

Lektion 8

Ü

trek in	Appetit auf
de patat	Pommes frites

1

de snackbar	Snackbar
de patatkraam	Pommesbude
het café	Lokal, Kneipe
het pilsje	Pils
het glaasje fris	Erfrischungsgetränk
de uitsmijter	Strammer Max
de bitterbal	Krokettenklößchen
de frika(n)del	eine Art Frikadelle
het gebak	Gebäck, Stück Kuchen
de spa	Sprudel, Mineralwasser
de borrel	Drink, Schnaps
de soep	Suppe
het ijsje	Eis
de fooi	Trinkgeld
de tosti	Käse-Schinken-Toast
de pils	Pils
het glas	Glas
het borreltje	Schnäpschen
het cafeetje	kleines Lokal

2

bestellen	bestellen
de gast	Gast

3

het eetcafé	Lokal
pas	erst, gerade

4

langzamerhand	nach und nach, allmählich

ergens	irgendwo
dat hoeft voor mij niet	das muss nicht sein
niet hoeven	nicht brauchen/müssen
op de hoek	an der Ecke
graag	(hier:) bitte
de mayonaise	Majonäse
de pindasaus	Erdnusssauce
middel	mittel, mittlere Größe
oké	okay
de portie	Portion
alstublieft	bitte schön; bitte
de ketchup	Ketschup
de curry (de kerrie)	Curry
een broodje shoarma	Döner, Brötchen mit gegrilltem Lammfleisch
de kip	Hähnchen, Hühnerfleisch
diverse	verschiedene
de snack	Snack
de braadworst	Bratwurst
bal gehakt	Frikadelle
de bamihap	panierte Frikadelle aus Bami-goreng
de nasihap	panierte Frikadelle aus Nasi-goreng
de frisdrank	Erfrischungsgetränk
het blik	Dose
de milkshake	Milchshake
vanille	vanille-
banaan	bananen-
chocolade	schokoladen-
frambozen	himbeer-
mango	mango-

5

de zin	Lust, Appetit
het idee	Idee
gezien (zien*)	sehen
de ober	Kellner
zegt u het maar	bitte schön
het kopje	Tasse
het appelgebak	Apfelgebäck, -kuchen
de boterkoek	Butterkuchen
het stukje	Stück
erbij	dazu
afrekenen	bezahlen
Ik kom zo.	Ich komme sofort/ gleich.
de gulden	Gulden
afternoon tea	Nachmittagstee
complet	komplett
naar keuze	je nach Wahl
de sandwich	Sandwich
de taart	Torte
de scone	Scone
de cream	Creme
de tomatensoep	Tomatensuppe
het basilicum	Basilikum
Chinese	chinesische

Wörterverzeichnis nach Lektionen

de bamisoep	Bamisuppe
de boerensoep	Bauernsuppe
koud	kalt
de salade	Salat
de geitenkaas	Ziegenkäse
de avocado	Avocado
de tartaar	Tatar, Hacksteak
de rosbief	Roastbeef
gekookte ham	gekochter Schinken
de paté	Pastete
de taartpunt	Stück Kuchen
een kijkje nemen*	einen Blick werfen
de vitrine	Vitrine
het water	Wasser
de cappuccino	Cappuccino
de koffie verkeerd	Milchkaffee
de prik	Kohlensäure
het appelsap	Apfelsaft
het tapbier	Schankbier
de fles	Flasche
de wijn	Wein
de huiswijn	Hauswein
rood	rot

6

bedanken	sich bedanken
zeggen* gedag	Auf Wiedersehen sagen
ontkennen	verneinen
betalen	bezahlen
een voorstel doen* (het voorstel)	einen Vorschlag machen

7

| de bestelling | Bestellung |
| formeel | formell |

8

zoet	süß
biljarten	Billard spielen
ontmoeten*	treffen
de dorst	Durst
bitter	bitter
vet	(hier:) fettig
de vinger	Finger
duur	teuer
de slagroom	Schlagsahne
het zonnetje	Sonne
iets gebruiken	etwas zu sich nehmen

9

was (zijn*)	war
smakelijk eten!	guten Appetit!
smaken	schmecken
de euro	Euro
de keus	Wahl

10

de muur	Mauer, Wand
halen	holen
de honger	Hunger
de tafel	Tisch
reserveren	reservieren

11

| zullen* | (hier:) sollen |

12

de scène	Szene
één	ein(e)
het hapje	Häppchen
het bord	Tafel

13

het gezegde	Redensart
elk	jede(r/s)
het plaatje	Bild
ouwe = oude	alt
de koek	Kuchen
zuiver	rein
de orde	Ordnung
geen verstand	keine Ahnung
verdacht	verdächtig
vertrouwen	vertrauen
bekend	bekannt

14

wezen (ugs.) = zijn	sein
de korrel	Korn
de peer	Birne
bakken*	backen
de mosterd	Senf
de maaltijd	Mahlzeit
van dienst zijn	hilfreich sein
letterlijk	buchstäblich
consequentie	Folge

N-a

de fijnproever	Feinschmecker
overal	überall
het opschrift	Aufschrift
Vlaams	Flämisch, flämisch
de friet	Pommes frites
Vlaanderen	Flandern
betreffen*	betreffen
de Vlaming	Flame, Flämin
genieten* van een rijke tafel	einen gut gedeckten Tisch genießen
de soort	Sorte
het huwelijk	Hochzeit
wordt gebrouwen	wird gebraut
16de eeuw	16. Jahrhundert
kooplieden (Sg.:de koopman)	Kaufleute
het centrum	Zentrum
de wereldhandel	Welthandel
met allerlei exotische producten	mit allerlei exotischen Produkten
de aardappel	Kartoffel
de tomaat	Tomatensuppe
het kruid	Gewürz
de specerij	Gewürz
bovendien	außerdem
rijk	reich
de groentetraditie	Gemüsetradition
de groenten	Gemüse

Wörterverzeichnis nach Lektionen

de asperge	Spargel
de spruitje	Rosenkohl
de witlof	Chicorée
doperwten	Zuckererbsen
de kropsla	Kopfsalat
het worteltje	Möhre, Karotte
ontwikkelen	entwickeln
verfijnd	verfeinern
tot voor kort	bis vor kurzem
Frans	Französisch, französisch
de keuken	Küche
dominant	dominierend
steeds meer	immer mehr
het toprestaurant	Spitzenrestaurant
het gerecht	Gericht
de garnaal	Garnele
het konijn	Kaninchen
de pruim	Pflaume
de stoverij	Schmorgericht
de hutspot	Eintopfgericht
heet	heiß
het vet	Fett, Öl
gebakken*	gebraten
de kwaliteit	Qualität
de service	Service
de goede smaak	guter Geschmack
de slager	Metzger
in de rij staan	Schlange stehen
favoriet	Lieblings-
de banketbakker	Konditorei
de croissant	Croissant
het taartje	Törtchen
het aanbod	Angebot
de patisserie	Konditoreien
sterk	stark
regionaal	regional
gekleurd	gefärbt
Antwerpse	aus Antwerpen
het assortiment	Sortiment
Brugse	aus Brügge
calvinistisch	calvinistisch
de Belg	Belgier
katholiek	Katholik, katholisch
de rug	Rücken
het gezicht	Gesicht
staan*	stehen
de publicatie	Veröffentlichung
het ministerie	Ministerium
de Gemeenschap	Gemeinschaft
het citaat	Zitat
het dagblad	Tageszeitung

Lektion 9

Ü

de plaatsbepaling	Ortsbestimmung

1

het plein	Platz
de telefooncel	Telefonzelle
de bushalte	Bushaltestelle
achter	hinter
het standbeeld	Standbild, Denkmal
onder	unten, unter
de brug	Brücke
het stadhuis	Rathaus
de auto	Auto
de gracht	Gracht
de kerk	Kirche

2

de richtingaanduiding	Richtungsbezeichnung
linksaf	nach links
rechtsaf	nach rechts
rechtdoor	geradeaus
over	über

3

ver	weit
boven	oben
aankomen*	ankommen
beneden	unten
naartoe	hin

4

de passant	Passant
doei	tschüss
bekend	(hier:) ortskundig
wachten	warten
toevallig	zufällig
de plattegrond	Stadtplan
rechts	rechts
links	links
het station	Bahnhof
de lijn	Linie
vlak	direkt
het plezier	Spaß, Vergnügen

5

aanspreken*	ansprechen
verstaan*	verstehen
het afscheid	Abschied

6

onderstrepen	unterstreichen

7

interessant	interessant
de bezienswaardigheid	Sehenswürdigkeit
de tram	Straßenbahn
de metro	U-Bahn
makkelijk (od.: gemakkelijk)	leicht, einfach

8

de weg wijzen*	den Weg beschreiben
dichtstbijzijnde	der/die/das nächste
aan uw linkerhand/ rechterhand	auf Ihrer linken/rechten Seite
aan de linkerkant/ rechterkant	auf der linken/rechten Seite
het hotel	Hotel
de bank	Bank

het huis	Haus, Gebäude
verderop	weiter
alsmaar	immerzu
langs	entlang, vorbei
hoog	groß
de flat	Hochhaus
het kruispunt	Kreuzung
de tunnel	Tunnel
9	
de Korenmarkt	Getreidemarkt
door	durch
de PTT	Postamt
10	
de inlichting	Auskunft
markeren	markieren
het politiebureau	Polizeirevier
11	
de kleur	Farbe
roze	rosa
groen	grün
paars	lila
oranje	orange
zwart	schwarz
lichtblauw	hellblau
donkerblauw	dunkelblau
geel	gelb
beige	beige
de glasbak	Glascontainer
de politieauto	Polizeiauto
de bestelbus	Lieferwagen
de post	Postamt
12	
de geldautomaat	Geldautomat
de brommer	Moped
het trottoir	Bürgersteig
13	
mogelijk	möglich
de lievelingskleur	Lieblingsfarbe
N-a	
het toerisme	Tourismus
de tulp	Tulpe
de klomp	Holzschuh
ooit	jemals
het karakter	Charakter
trekt (trekken*)	anziehen
in eerste instantie	in erster Linie
historisch	historisch
prachtig	prächtig, prachtvoll
het gebouw	Gebäude
het monument	Monument
de traditie	Tradition
het evenement	Ereignis
de museumdichtheid	Museumsdichte
de wereld	Welt
de wereldhavenstad	Welthafenstadt
zich kenmerken door	sich kennzeichnen durch
opvallend	auffallend
modern	modern

de architectuur	Architektur
de kubuswoning	"Würfelwohnung"
de Maasboulevard	Maasboulevard
de Erasmusbrug	Erasmusbrücke
bijgenaamd (noemen)	sogenannt
de zwaan	Schwan
hét	das (betont)
het bloemenland	Blumenland
het bollenveld	Blumenzwiebelfeld
noord	Nord-
de narcis	Narzissen
de hyacint	Hyazinthen
wereldberoemd	weltberühmt
jaarlijks	jährlich
vele	viele
de bloem	Blume
maart	März
september	September
gedurende	während
het bloemencorso	Blumenkorso
de bloemenveiling	Blumenauktion
de bezoeker	Besucher
ruim	gut
het derde	Drittel
is afkomstig uit	kommt aus
levert op (opleveren)	(ein-)bringen
miljard	Milliarde
de omzet	Umsatz
besteden	(hier:) ausgeben
de exportwaarde	Exportwert
de plant	Pflanze
economisch	wirtschaftliche
de factor	Faktor
Ministerie v. Buitenl. Zaken	Außenministerium
de zaak	(hier:) Angelegenheit

Lektion 10

Ü	
de vrijetijdsbesteding	Freizeitbeschäftigung
1	
zwemmen*	schwimmen
tuinieren	gärtnern
tennissen	Tennis spielen
het theater	Theater
het concert	Konzert
wandelen	spazieren gehen
de televisie	Fernsehen
de muziek	Musik
leuk vinden*	gut, schön finden
iets graag doen*	etwas gern tun
3	
voetballen	Fußball spielen
schaatsen	Schlittschuh laufen
computeren	am Computer arbeiten
een bioscoopje pikken	ins Kino gehen

Wörterverzeichnis nach Lektionen

4

het voorbeeld	Beispiel
anderen	andere

5

innenemen*	einnehmen
het vliegtuig	Flugzeug
Wenen	Wien
moeilijk	schwierig
omdat	weil
zonde van de tijd	schade um die Zeit
de nachttrein	Nachtzug
Ik doe geen oog dicht!	Ich mache kein Auge zu!
bang zijn*	Angst haben
vliegen*	fliegen

8

motiveren	begründen
de NS (Nederlandse Spoorwegen)	niederländische Eisenbahnen
de reiziger	Reisende(r)
hoewel	obwohl
snel	schnell
milieuvriendelijk	umweltfreundlich
de parkeerplaats	Parkplatz
de verbinding	Verbindung
het spoorboekje	Kursbuch
de natuur	Natur, Landschaft

10

de woordenschatoefening	Wortschatzübung

11

herhalen	wiederholen
de mogelijkheid	Möglichkeit
bedenken	sich ausdenken
groeperen	gruppieren

12

denken* aan	denken an

13

het rangtelwoord	Ordinalzahl, Ordnungszahl

N-a

de sport	Sport
het voetbal	Fußball (spielen)
de volkssport	Volkssport
leden (het lid)	Mitglied
de voetbalbond	Fußballbund
de organisatie	Organisation
het gebied	Gebiet
het tennis	Tennis
het volleybal	Volleyball
de paardensport	Pferdesport
het wielrennen	Radsport
het woordje	Wörtchen
überhaupt	überhaupt
beschikken over	verfügen über
zoveel	so viel(e)
het fietspad	Radweg
het principe	Prinzip
gehele	ganze

verkennen	erkunden
wegen	Straßen
zgn.	sogenannt
de paddestoel	pilzförm. Wegweiser f. Fußgänger u. Radfahrer
het zuiltje	kleine Säule
waarop	worauf
de fietsroute	Fahrradroute
aangeven*	angeben
de fietser	Radfahrer
mogelijke	möglich
de veiligheid	Sicherheit
het verkeer	Verkehr
deelnemen*	teilnehmen
het vervoermiddel	Transportmittel
gesport (sporten)	Sport treiben
de kustlijn	Küstenlinie
volop	reichlich
de gelegenheid	Gelegenheit
de watersport	Wassersport
het surfen	Surfen
het zeilen	Segeln
het vissen	Fischen, Angeln
beoefenen	ausüben, betreiben
landinwaarts	landeinwärts
de ringvaart	Ringkanal
het meertje	kleiner See
de zeilboot	Segelboot
de kano	Kanu
de motorboot	Motorboot
de tocht	Fahrt, Ausflug
schitterend	herrlich
het natuurgebied	Naturlandschaft
de winter	Winter
veranderen	verändern
het scenario	Szenario
populair	populär
voldoende	genügend, ausreichend
het ijs	Eis
de kast	Schrank
bevroren (bevriezen*)	zugefroren
beroemdst	berühmtest
de Elfstedentocht	Elfstädtetour in Friesland
Friesland	Friesland
werd (worden*)	werden
uniek	einmalig
de gebeurtenis	Vorfall, Ereignis
voorkomen*	sich ereignen, stattfinden
want	denn
behoorlijk	gehörig, viel
vriezen*	frieren
de kilometer	Kilometer
het traject	Strecke
genoeg	genug
de schaatser/schaatsster	Eisläufer(in)
de toeschouwer	Zuschauer
maken	machen

Wörterverzeichnis nach Lektionen

eenmalig	einmalig
algemeen	allgemein
de toeristenbond	Touristenverband
wielrijdersbond	Fahrradfahrerverband
de automobiel	Automobil
de vereniging	Verein
ontstaan*	entstehen

Lektion 11

Ü

verhuizen	umziehen
de woning	Wohnung

1

de 3-kamerwoning	Drei-Zimmer-Wohnung
het gedeelte	Teil
bestaand	bestehend
de kamer	Zimmer
de badkamer	Badezimmer
het toilet	Toilette
het gebouw	Gebäude
de etage	Stockwerk
vrijstaand	freistehend
de verdieping	Stockwerk
de tuin	Garten
eromheen	darum
het rijtjeshuis	Reihenhaus
gemeenschappelijk	gemeinsam
de twee-onder-één-kap	Doppelhaus(hälfte)
aaneengebouwd	aneinander gebaut
doorlopend	durchgehend
het dak	Dach
de woonboot	Hausboot
omgebouwd (ombouwen)	umgebaut
de boot	Boot

2

de slaapkamer	Schlafzimmer
de kinderkamer	Kinderzimmer
de gang	Flur
de woonkamer	Wohnzimmer
het balkon	Balkon
de WC	WC
de logeerkamer	Gästezimmer
de werkkamer	Arbeitszimmer
spelen	spielen
binnenkomen*	hereinkommen
kleren	Kleidung
ophangen*	aufhängen
knutselen	basteln, werkeln

3

licht	hell
rustig	ruhig
lawaaierig	laut
ongezellig	ungemütlich
de garage	Garage
goedkoop	billig, preiswert

4

het plan	Plan
de uitnodiging	Einladung
hou op (ophouden*)	aufhören
de koffer	Koffer
pakken	packen
Wat ben je van plan?	Was hast du vor?
morgen	morgen
hoger	höher
vrij gekomen*	frei geworden
waarvoor	weswegen?
mee-eten*	mitessen
de erwtensoep	Erbsensuppe
schilderen	streichen
hè	(hier:) nicht?

5

het tijdstip	Zeitpunkt

6

het telefoongesprek	Telefongespräch

8

de visite	Besuch

9

behalve	außer
niemand	niemand
Arnhem	Arnheim

10

zingen*	singen
de piano	Klavier
timmeren	zimmern
zagen	sägen

13

ouder	älter
mooier	schöner
duurder	teurer
weinig	wenig
minder	weniger
de advertentie	Anzeige, Inserat

14

kleiner	kleiner
goedkoper	preiswerter
het woningtype	Wohnungstyp
open	offen
de zolderkamer	Bodenkammer
de mogelijkheid	Möglichkeit
het dakterras	Dachterrasse

15

buitenaf	außerhalb
het uitzicht	Aussicht
de voorkant	Vorderseite
de achterkant	Rückseite
de kelder	Keller
de zolder	Dachboden
de fietsschuur	Fahrradschuppen
de sportvoorziening	Sporteinrichtung, -möglichkeit
het openbaar vervoer	öffentliche Verkehrsmittel
tevreden	zufrieden

Wörterverzeichnis nach Lektionen

N-a

gordijnen	Vorhänge, Gardinen
brengen*	bringen
ervaren*	erleben
het tijdje	Zeitlang
gewoond (wonen)	wohnen
de mening	Meinung
enkele	einige
het thema	Thema
het raam	Fenster
de wandeling	Spaziergang
de verleiding	Verlockung
weerstaan*	widerstehen
gadeslaan*	beobachten
de inrichting	Einrichtung
bewonderen	bewundern
schijnt (schijnen*)	scheinen
de nieuwsgierigheid	Neugier
storen	stören
integendeel	im Gegenteil
de deelgenoot	Mitwisser
de openheid	Offenheit
sympathiek	sympathisch
de ruimte	Platz
overblijft (overblijven*)	übrig bleiben
functioneel	funktionell
de reden	Grund
het gevoel	Gefühl
de verstandhouding	Verhältnis
hartelijk	herzlich
steil	steil
smal	schmal
de trap	Treppe
bovenst	oberst
pittoresk	malerisch
leiden	leiten, führen
opgevallen (opvallen*)	aufgefallen
in hemelsnaam	um Himmels willen
de hoogslaper	Hochbett
piepklein	winzig
het studentenkamertje	Studentenbude
de buitenkant	Außenseite
de avondwandeling	Abendspaziergang
doorsnee	durchschnittlich
de theorie	Theorie
het terrasje	kleine Terrasse
de architect	Architekt
de opdrachtgever	Auftraggeber
het gezelschap	Gesellschaft
talloos	zahllos, unzählig
de lunchroom	Konditorei, Café
het Zuiden	Süden
regent (regenen)	regnen
waait (waaien*)	wehen
voornamelijk	hauptsächlich
binnenshuis	im Haus
de buitenwereld	Außenwelt, hier: draußen

de bewoner	Bewohner
gebeurt (gebeuren)	geschehen
missen	verpassen
het effect	Wirkung, Effekt
versterkt (versterken)	verstärken
laten*	lassen

Lektion 12

Ü

woonden (wonen)	wohnen
het huisje	Häuschen
de meubels	Möbel

1

de lamp	Lampe
de boekenkast	Bücherschrank
het bureau	Schreibtisch
de makkelijke stoel	bequemer Stuhl
het vloerkleed	Teppich
het bijzettafeltje	Beistelltisch

3

vroeger	früher
het platteland	Land
met z'n vieren	zu viert
stond (staan*)	stehen
het nachtkastje	Nachttisch, -schränkchen
deed (doen*)	tun
luisterde (luisteren)	hören, zuhören
schreef (schrijven*)	schreiben
het dagboek	Tagebuch
het huiswerk	Hausaufgaben
mocht (mogen*)	dürfen

5

de grootouders	Großeltern
de dijk	Deich
regende (regenen)	regnen
kreeg (krijgen*)	bekommen
stopte (stoppen)	anhalten
hadden (hebben*)	haben
waste (wassen*)	waschen
de centrale verwarming	Zentralheizung
kenden (kennen)	kennen
de kolenkachel	Kohlenofen
de warmte	Wärme
verspreidde (verspreiden)	verbreiten
ouderwets	altmodisch
het fornuis	Küchenherd
daarboven	oben, darüber
hing (hangen*)	hängen
het tegeltje	kl. Fliese, Kachel
oost	Osten
west	Westen
waren (zijn*)	sein
het kamertje	Zimmerchen
sliep (slapen*)	schlafen

Wörterverzeichnis nach Lektionen

logeerde (logeren)	wohnen, übernachten
herinnert zich (zich herinneren)	sich erinnern
zagen (zien*)	sehen
het achtertuintje	kleiner Garten hinter dem Haus
de sleutel	Schlüssel
ging (gaan*)	gehen
achterom	hintenherum
de achterdeur	Hintertür
speelde (spelen)	spielen
het pleintje	kleiner Platz
kwam (komen*)	kommen
dronk (drinken*)	trinken
warm	warm
de kachel	Ofen
zat (zitten*)	sitzen
vaders	vom Vater
de fauteuil	Sessel
las (lezen*)	lesen
spannend	spannend
de ouders	Eltern
het schilderij	Gemälde, Bild

6

het imperfectum	Imperfekt

7

de buitenwijk	Vorort
de poster	Poster
de boekenplank	Bücherregal
de radio	Radio
de cassetterecorder	Kassettenrekorder
vond (vinden*)	finden

8

lievelings-	Lieblings-
het dier	Tier
het verhaal	Geschichte
het plekje	Plätzchen

9

wilde (willen*)	wollen
moest (moeten*)	müssen
durfde (durven)	sich trauen, wagen

11

zonnig	sonnig
de zon	Sonne
scheen (schijnen*)	scheinen
regenachtig	regnerisch
winderig	windig
stormachtig	stürmisch
stormde (stormen)	stürmen
bewolkt	bewölkt
de wolk	Wolke
mistig	neblig
de mist	Nebel
koel	kühl
de graad	Grad

12

de datum	Datum
het weerbericht	Wetterbericht

helder	klar, heiter
de temperatuur	Temperatur
bereiken	erreichen
de middag	(Nach-)Mittag
opnieuw	erneut
de mistbank	Nebelbank
de nevel	Nebel
de motregen	Nieselregen
de bui	Schauer
droog	trocken
vanochtend	heute Morgen
grijs	grau
de bewolking	Bewölkung
plaatselijk	örtlich, lokal
klaart op (opklaren)	(sich) aufklären
het westen	Westen
matig	mäßig
westelijk	westlich
de wind	Wind
lenteachtig	frühlingshaft
fris	frisch, kühl
vallen*	fallen
stevig	kräftig
het zuidoosten	Südosten

13

verwachtte (verwachten)	erwarten
de regen	Regen
de storm	Sturm
de sneeuw	Schnee
de hagel	Hagel
het onweer	Gewitter
de ijzel	Eisregen

14

's winters	im Winter
de Kerstmis	Weihnachten
laatst	letzt

15

de lente	Frühling
de herfst	Herbst
januari	Januar
februari	Februar
mei	Mai
juni	Juni
juli	Juli
augustus	August
november	November
december	Dezember

N-a

schaatsten (schaatsen)	eislaufen
de weemoed	Wehmut
de woonark	Hausboot
waarin	worin
de salontafel	Couchtisch
wiebelde (wiebelen)	wackeln
vochtig	feucht
wensen	wünschen
overliet (overlaten*)	übrig lassen
de plek	Stelle, Ort

Wörterverzeichnis nach Lektionen

gelegen (liggen*)	liegen
de vaste wal	Festland
charmes	Charme
gevroren	gefroren
ondergebonden (onderbinden*)	festmachen, -schnallen
het keukenraam	Küchenfenster
riep (roepen*)	rufen
de kop	Tasse
chocolademelk	Schokolademilch, Kakao
de tijden	Zeiten

Lektion 13

Ü

denken*	denken, meinen
niet-alledaags	nicht alltäglich

1

overwerken	Überstunden machen
de zakenreis	Geschäftsreise
de afspraak	Verabredung
uitgenodigd (uitnodigen)	einladen
volgen	folgen, besuchen

2

het begrip	Begriff
het bloemetje	Blumenstrauß
meenemen*	mitnehmen
borrelen	einen Drink nehmen
de zwembroek	Badehose
wisselen	wechseln
dansen	tanzen
de rommel	Durcheinander
verdienen	verdienen
de laptop	Laptop
de zakenrelatie	Geschäftspartner
overnachten	übernachten
vastleggen	festlegen
opschieten*	sich beeilen
afzeggen*	absagen
oefenen	üben
uitrusten	sich entspannen, relaxen

3

hé	(hier:) sag mal
de verhuizing	Umzug
last hebben van je rug	Rückenschmerzen haben
zwaar	schwer
tillen	heben
vast wel	bestimmt
zou (zullen*)	werden
zeuren	nörgeln
in de tussentijd	in der Zwischenzeit
gebroken (breken*)	brechen
jeetje	oje
wist (weten*)	wissen
de wintersport	Skiurlaub

vervelend	(hier:) ärgerlich
benieuwd	gespannt

6

het smoesje	Ausrede
de computer	Computer

7

P.S.	P.S.
het belletje	Anruf
de griep	Grippe

8

aanstaand	kommend
komend	kommend
spijten*	Leid tun

12

de datum	Datum
Sinterklaas	Sankt Nikolaus
vieren	feiern

13

jarig zijn*	Geburtstag haben
hoeveelst	wievielst

14

de Koninginnedag	Geburtstag der Königin
de zomervakantie	Sommerferien

N-a

de feestdag	Feiertag
christelijk	christlich
de Paasdag	Ostertag
het uitstapje	Ausflug
de meubelzaak	Möbelgeschäft
erover	darüber
verbaasd	erstaunt
aantreffen*	antreffen, vorfinden
traditioneel	traditionell
inluiden	einläuten
het toeristenseizoen	(Touristen-,) Hauptsaison
huidig	jetzig
het eerbetoon	Ehrerweisung
de prinses	Prinzessin
rekening houden* met iets	etwas berücksichtigen
het feit	Tatsache
buitenshuis	draußen
verklaren	erklären
de kroning	Krönung
officieel	offiziell
de bevolking	Bevölkerung
de gemeente	Gemeinde, Stadt
het straatfeest	Straßenfest
de optocht	Umzug, Parade
de braderie	Straßenmarkt
de rommelmarkt	Flohmarkt
organiseren	organisieren
de Oranjevereniging	Verein, der die Geburtstagsfeierlichkeiten organisiert
het vuurwerk	Feuerwerk
afsluiten	(hier:) beenden
de moeite waard	die Mühe wert

Wörterverzeichnis nach Lektionen

in tegenstelling tot	im Gegensatz zu
bevrijdingsdag	Tag der Befreiung
de werknemer	Arbeitnehmer
bij de overheid	beim Staat
de Hemelvaartsdag	Himmelfahrt
Pinksteren	Pfingsten
voorlopig	vorerst
feestelijk	festlich
de Sinterklaastijd	Sankt-Nikolaus-Zeit
Zwarte Piet	Knecht Ruprecht
de stoomboot	Dampfer
het moment	Moment
aanwezig	anwesend
de etalage	Schaufenster
het speelgoed	Spielzeug
de reclame	Werbung, Reklame
geloven	glauben
de schoen	Schuh
stoppen	hineintun
het hooi	Heu
het paard	Pferd
de chocoladen	Nikolaus aus
sinterklaas	Schokolade
het suikerbeest	Fondanttierchen
heerlijk	herrlich
het avondje	Abend
het cadeautje	kleines Geschenk
de zak	Sack
de surprise	Überraschung
verpakt	eingepackt
het gedichtje	Gedicht
de volwassene	Erwachsene(r)
de initiaal	Initiale
de vorm	Form
de chocoladeletter	Buchstabe aus
	Schokolade
het Sinterklaasfeest	Sankt-Nikolaus-Fest
uitkijken* naar iets	sich freuen auf
verliezen*	verlieren
de populariteit	Popularität
het kerstfeest	Weihnachtsfest
vooral	vor allem,
	hauptsächlich
merken	(hier:) sehen
de kerstsfeer	(hier:) weihnachtlich
decoreren	dekorieren
de verkoop	Verkauf
het kerstartikel	Weihnachtsartikel
vechten*	kämpfen
de stichting	Stiftung
nationaal	national
het comité	Komitee
uitbreiding	Ausbreitung
de ondernemersbond	Unternehmerverband
de winkelier	Ladenbesitzer
de consument	Konsument
vrijwel	nahezu
de kerstman	Weihnachtsmann

Lektion 14

Ü

de dagschotel	Tagesgericht/-menü

1

het sap	Saft
de vruchtensalade	Obstsalat
de groente	Gemüse
het mes	Messer
de peper	Pfeffer
het zout	Salz
de garnalencocktail	Krabbencocktail
de lepel	Löffel
de olie	Öl
de azijn	Essig
de vork	Gabel
het servet	Serviette

2

het voorgerecht	Vorspeise
het hoofdgerecht	Hauptgericht
het nagerecht	Nachtisch

3

het tekstgedeelte	Textteil
de moussaka	Moussaka
de sla	Kopfsalat
de biefstuk	Beefsteak
de appelmoes	Apfelmus
Grieks	griechisch
het ovengerecht	Auflauf
de aubergine	Aubergine
lijken*	(hier:) scheinen
het vlees	Fleisch
taai	zäh
eerder	früher
het dessert	Dessert
het aardbeienijs	Erdbeereis
het toetje	Nachtisch
lusten	mögen, gern essen
de zalm	Lachs
het aardappeltje	(kleine) Kartoffel
de mosterdsaus	Senfsauce
de varkenshaas	Schweinelende
gemengd	gemischt
aanbevelen*	empfehlen
het molentje	kleine Windmühle
de konijnpaté	Kaninchenpastete
de toast	Toast
de vistaart	Fischtorte
de kreeft	Krebs, Hummer
de roomsaus	Sahnesauce
de croûtons	Croûtons
de frites	Pommes frites
de rozemarijn	Rosmarin
roerbakken	kurz gebraten
het kalfsvlees	Kalbsfleisch
mixed	gemischt
de grill	Grillplatte
het kalf	Kalb

Wörterverzeichnis nach Lektionen

het lam	Lamm	de pizzalijn	Pizzaservice
het rund	Rind	de video	Video
de scampi	Scampi	huren	(hier:) ausleihen
gegrild	gegrillt	een blokje omgaan*	eine Runde drehen
de tonijn	Thunfisch	**11**	
de forel	Forelle	het recept	Rezept
de citroen	Zitrone	de bereidingswijze	Zubereitung
vegetarisch	vegetarisch	de instructie	Anweisung
de aardappeltaart	Kartoffelkuchen	vervangen*	ersetzen
de pasta	Pasta, Nudeln	de runderworst	Rindswurst
de bonensalade	Bohnensalat	de spliterwten	Schälerbsen
de spinazie	Spinat	de runderpoelet	Suppenfleisch vom Rind
de gorgonzolasaus	Gorgonzolasauce	de soepgroenten	Suppengemüse
vers	frisch	de knolselderij	Knollensellerie
de room	Sahne	de prei	Lauch
de mousse	Mousse	de winterwortel	Möhre
het frambozenijs	Himbeereis	het bosje	Bund
de vruchtensaus	Fruchtsauce	het selderijgroen	Selleriegrün
de kipsaté	Hähnchenspießchen	de runderrookworst	Rindswurst, geräuchert
de saté	Fleischspießchen	de peterselie	Petersilie
de haas	Filet	de bonensoep	Bohnensuppe
de drank	Getränk	de el	(Abkürzung) Esslöffel
de espresso	Espresso	de taco-kruidenmix	Taco-Gewürzmischung
light	light	raspen	raspeln
het tomatensap	Tomatensaft	het uitje	Zwiebel(chen)
het bier	Bier	geperst (persen)	pressen
het tapbier	Bier vom Fass	de knoflookteen	Knoblauchzehe
het fluitje	Flöte (Trinkglas)	de paprika	Paprika
het vaasje	Bierglas	het pakje	Päckchen
de pul	Krug	de tomatenpassata	pürierte Tomaten
het flesje	Flasche	de bleekselderij	Bleichsellerie
de karaf	Karaffe	het literblik	Dose (1 Liter)
de rosé	Roséwein	de boon	Bohne
de wijnkaart	Weinkarte	de bouillontabletten	Brühwürfel
op maat	nach Maß	de maïskorrels	Maiskörner
chippen	elektron. Zahlungs-	de kapucijnersoep	Erbsensuppe
	modus	de kool	Kohl
pinnen	elektron. Zahlungs-	gesnipperd	fein geschnitten
	modus	de kerrie	Curry
de cheque	Scheck	de bloem	Mehl
de credit card	Kreditkarte	de vleesbouillon	Fleischbrühe
6		de kapucijner	(Kapuziner)Erbse
de pech	Pech	de slankroom	fettarme Sahne
8		fruiten	rösten, bräunen
het rollenspel	Rollenspiel	roeren	rühren
het groepje	kleine Gruppe	pruttelen	brutzeln, köcheln
bestellen	bestellen	gieten*	gießen
9		langzaam	langsam
de reactie	Reaktion	het vocht	Flüssigkeit
bakken*	backen	toevoegen	hinzufügen
de trui	Pullover	zachtjes	auf kleiner Flamme
pakken	(hier:) holen	het reepje	Streife
10		versgeknipt	frisch geschnitten
de tip	Tipp	het stokbrood	frz. Weißbrot
zich vervelen	sich langweilen	afschuimen	abschäumen
openzetten*	aufmachen	glad roeren	glattrühren
een spelletje kaarten	Kartenspielen	kleingesneden	klein, fein geschnitten
de koelkast	Kühlschrank	het blaadje	Blättchen

Wörterverzeichnis nach Lektionen

omroeren	umrühren
het plakje	Scheibe
op het laatst	zum Schluss
knippen	schneiden
het roggebrood	Roggenbrot
de roomkaas	Frischkäse
mengen	vermischen
draaien	(hier:) formen
het soepballetje	Hackfleischklößchen
de helft	Hälfte
pureren	pürieren
op smaak brengen	abschmecken
de tabasco	Tabasco
de tacochips	Tacochips

N-a

de redacteur	Redakteur
de jongeren	Jugendliche
wat warms	etwas Warmes
driekwart	Dreiviertel
grijpen* naar	greifen nach
meermalen	mehrmals
vertrouwd	vertraut
de combinatie	Kombination
kleurloos	farblos
de brei	Brei
prakken	zermanschen
het procent	Prozent
de supermarktketen	Supermarktkette
het onderzoeksinstituut NIPO	Marktforschungsinstitut
uitzoeken*	untersuchen
de ouderen	ältere Leute
blijken*	sich heraustellen
het tweepersoons-huishouden	2-Personen-Haushalt
de pan	Pfanne, Topf
scheppen*	schöpfen
de ene dag	an einem Tag
langer	länger
terwijl	während
variëren	abwechseln
Italiaans	italienisch
de maaltijd	Mahlzeit
de rijst	Reis
bidden*	beten
het gezinshoofd	Familienoberhaupt
de bloemkool	Blumenkohl
de sperziebonen	Brechbohnen
de andijvie	Endivie
het tafelkleed	Tischdecke
afwisselen	abwechseln
Chinees-Indisch	chinesisch-indonesisch

Lektion 15

Ü

de kleding	Kleidung

1

dragen*	tragen
het pak	Anzug
het kostuum	Kostüm, Anzug
de jas	Mantel
de broek	Hose
het colbert	Sakko
de pet	Baseballmütze
de jurk	Kleid
het shirt	Hemd
het overhemd	Hemd

2

het lijstje	Liste

3

de revers	Revers
trouwens	außerdem
het prijskaartje	Preisetikett
iets goeds	etwas Gutes
nodig hebben*	brauchen
duurst	teuerst
goedkoopst	billigst
afgeprijsd	reduziert
de spijkerbroek	Jeanshose
vlot	flott
de jeansshop	Jeansshop
elegant	elegant

4

het synoniem	Synonym
prijzig	teuer
voordelig	preiswert
sportief	sportlich, flott
chic	vornehm

5

de klant	Kunde
passen	anprobieren
contant	bar
de maat	Größe
de paskamer	Ankleidekabine

7

Brussel	Brüssel
van tevoren	im Voraus

8

vrolijkst	fröhlichst
swingendst	pulsierendst
drukst	lebendigst
beruchtst	berüchtigst
meest	meist
alhoewel	obwohl
tellen	zählen
het kanaal	Kanal
Venetië	Venedig
voornaam	vornehm, fein
Herengracht	Herrengracht
het patriciërshuis	Patrizierhaus
smalst	schmalst
voordeur	Eingangstür
Amsterdams	Amsterdamer
ontspannendst	entspannendst

Wörterverzeichnis nach Lektionen

overigens	übrigens
de watertaxi	Wassertaxi
bekijken*	besichtigen
origineelst	originellst
wat dacht u van … ?	was halten Sie von … ?
het museumbezoek	Museumsbesuch
leukste	schönst
de museumboot	Museumsboot
de bekeuring	Bußgeld
overbodig	überflüssig
brengen*	bringen
bekendst	bekanntest
het Rijksmuseum	Reichsmuseum
de Nachtwacht	Nachtwache
beroemd	berühmt
de tekening	Zeichnung
de collectie	Sammlung
de binnenstad	Innenstadt
lekkerst	leckerst
de energie	Energie
de winkelstraat	Einkaufsstraße
de Kalverstraat	Einkaufsstraße in A'dam
de Leidsestraat	Einkaufsstraße in A'dam
de Jordaan	Viertel in A'dam
de wijk	Viertel
voor een habbekrats	für einen Pappenstiel
gekst	verrücktest
9	
de superlatief	Superlativ
het streepje	Strich
modernst	modernst
10	
de headline	Überschrift
de oudheid	Altertum
roerendst	rührendst
het liefdesverhaal	Liebesgeschichte
veelbesproken	viel diskutiert
de productie	Produktion
bekroond	bekrönt
de Golden Globes	amerik. Filmpreis
de regie	Regie
de titelsong	Titelsong
de tuinbeurs	Gartenbaumesse
ideaal	ideal
het groen-idee	grüne Idee
meegenieten*	mitgenießen
sfeervol	stimmungsvoll
de tuindecoratie	Gartendekoration
de heester	Staude, Strauch
gegarandeerd	garantiert
tax-free	tax-free
gratis	gratis
gloednieuw	brandneu
de catalogus	Katalog
betaalbaar	bezahlbar

de mode	Mode
reageren	reagieren
ruimst	geräumigst
comfortabelst	komfortabelst
sommigen	manche
de familieruimtewagen	Familienkleinbus
het standaardtype	Standardmodell
de centimeter	Zentimeter
de uitvoering	Ausführung
ondanks	trotz
eenvoudig	einfach
parkeren	parken
11	
ontwerpen	entwerfen
12	
het lichaam	Körper
het lichaamsdeel	Körperteil
het haar	Haar
de neus	Nase
de mond	Mund
het oor	Ohr
de kin	Kinn
de hals	Hals
het hoofd	Kopf
de borst	Brust
de arm	Arm
de buik	Bauch
de voet	Fuß
de tenen	Zehen
14	
bewegen*	bewegen
de zoen	Kuss
N-a	
zelfs	sogar
meemaken	erleben
het voetbalstadion	Fußballstadion
de supporter	Fan
gekleed	gekleidet
buitengewoon	außergewöhnlich
de deugd	Tugend
speciaal	speziell
de uitgave	Ausgabe
Elsevier	niederl. Nachrichten-zeitschrift
erachter komen*	dahinter kommen
de schrijver	Autor
behoudens	ausgenommen
de eruptie	Eruption, Ausbruch
overwinning	Sieg
het elftal	Fußballmannschaft
het taboe	Tabu
verkrampt	verkrampft
de houding	Haltung
vormen	bilden
de natie	Nation
negentiende eeuwse	aus dem 19. Jahrhundert

de eenheidsstaat — Einheitsstaat
de Wereldoorlog — Weltkrieg
bindend — bindend
gezamenlijk — gemeinsam
de immigrant — Immigrant
de nationalist — Nationalist
verdacht — verdächtig
verre daarvan — weit davon
de Fransen — Franzosen
onderontwikkeld — unterentwickelt
chaotisch — chaotisch
welnee — überhaupt nicht
punt uit — Punkt aus
doodgewoon — ganz normal
de individualist — Individualist
gloeien — glühen
slechts — nur dann
het nationalisme — Nationalismus

Lektion 16

Ü
aan de beurt zijn* — dran sein

1
het halfje wit — halbes Weißbrot
de peer — Birne
de zeep — Seife
de telefoonkaart — Telefonkarte
de perzik — Pfirsich
het tijdschrift — Zeitschrift
de komkommer — Gurke
de vleeswaren — Fleisch-/Wurstwaren
de courgette — Zucchini
de strippenkaart — Streifenkarte
de tandpasta — Zahnpasta
de kalkoen — Truthahn, Pute

2
de groenteman — Gemüsehändler
de boekwinkel — Buchhandlung
de drogist — Drogerie

3
het wasmiddel — Waschmittel

4
enige — einige
sommige — manche

5
de lokettist(e) — Schalterbeamte / -in

6
een nummertje trekken — eine Nummer ziehen
de briefkaart — Postkarte
erop — darauf
het loket — Schalter
hiernaast — nebenan
Nou, vooruit dan maar. — Na, gut.

7
de kaasboer — Käsehändler
het stuk — Stück
belegen — mittelalt
de Goudse — Goudakäse
de aanbieding — Angebot
de boerenkaas — Bauernkäse
proeven — probieren
pittig — pikant
het kilo — Kilo
het pond(je) — Pfund
wegen* — wiegen
het gram — Gramm
iets — ein bisschen

8
de appel — Apfel
kleintjes — Kleine
de snijboon — Schnittbohne
rijp — reif
kleingeld — Kleingeld
hè — nicht wahr?
Daag! — Wiedersehen!

9
gesneden — geschnitten
de taartpunt — Tortenstück
het roomboterkoekje — Butterplätzchen

12
het zakje — Tüte
de pot — Glas
de beker — Becher
de krat — Kiste
de drop — Lakritze

14
het levensmiddel — Lebensmittel

15
het boodschappenlijstje — Einkaufsliste
de winkelier — Ladenbesitzer

16
gezond — gesund
de tabel — Tabelle
het voedingsmiddel — Nahrungsmittel
noodzakelijk — notwendig
onmisbaar — unverzichtbar
de macaroni — Makkaroni
de peulvrucht — Hülsenfrucht
het zetmeel — Stärke
het eiwit — Eiweiß
de voedingsvezel — Ballaststoff
de vitamine — Vitamine
het mineraal — Mineralstoff
het melkproduct — Milchprodukt
de tahoe — Tofu
de kalk — Calcium
het ijzer — Eisen
de margarine — Margarine
de halvarine — Halbfettmargarine
ten minste — zumindest
de liter — Liter

17

de test	Test
de hoeveelheid	Menge
de tiener	Teenager
voortaan	in Zukunft
het sneetje	Scheibe
de groentelepel	(hier:) Esslöffel
de vrucht	Frucht
de plak	Scheibe
de tempé	Kuchen aus Soja

N-a

wel eens	schon mal
de caissière	Kassiererin
zich afvragen*	sich fragen
betekenen	bedeuten
het zegeltje	Marke
de spaarzegel	Sparmarke
de oorlog	Krieg
bestonden er al (bestaan*)	gab es schon
de zegelactie	Sparmarkenaktion
tanken	tanken
aanbieden*	anbieten
inruilen	eintauschen
dingetjes (het dingetje)	Kleinkram
dol op	versessen auf
het voordeeltje	Vorteil, kleiner Profit
de airmiles	Vielfliegerprämie
de kristalzegel	Marke für Kristallgläser
de spaarpunt	Sparpunkt
het waspoeder	Waschpulver
een bepaald besteed bedrag	ein bestimmter ausgegebener Betrag
begrijpen*	verstehen
sparen	sparen
de vliegreis	Flugreise
het retourtje	Rückfahrkarte
Londen	London
dat komt overeen met	das ist gleich zu setzen mit
nieuwst	neuest
de actie	Aktion
de bonuskaart	Bonuskarte
waarmee	womit
de korting	Rabatt
daaraan meedoen*	dabei mitmachen
steevast	immer wieder, grundsätzlich

Lektion 17

Ü

het huishoudelijke apparaat	Haushaltsgerät

1

het gasfornuis	Gasherd
de telefoongids	Telefonbuch
de wasmachine	Waschmaschine
de magnetron	Mikrowelle
het koffiezetapparaat	Kaffeemaschine
het strijkijzer	Bügeleisen
de handdoek	Handtuch
de vaatwasmachine	Spülmaschine
de klok	Uhr
de kook-pannen	Kochtöpfe
de föhn	Föhn

2

het vakantiehuisje	Ferienhaus

3

het appartement	Wohnung
de cliënt(e)	Kunde/in
de VVV-medewerkster	Angestellte im Fremdenverkehrsamt
genoteerd (noteren)	notieren
het reserveringsbewijs	Reservierungsnachweis
akkoord	einverstanden
de aankomstdatum	Ankunftsdatum
de vertrekdatum	Abreisedatum
de bijzonderheid	Besonderheit
de toeslag	Zuschlag
het hoogseizoen	Hochsaison
de totale reissom	gesamte Summe, gesamte Reisekosten
de afmeting	Abmessung
toegestaan (toestaan*)	erlaubt
de afstand	Entfernung

5

het waddeneiland	Watteninseln
wandelen	wandern
windsurfen	windsurfen
vissen	fischen, angeln
paardrijden*	reiten
kamperen	campen, zelten

6

het pension	Pension
de caravan	Wohnwagen
het strand	Strand
de bergen	Bergen
de zee	Meer
luxe	luxuriös
regelen	regeln
onafhankelijk	unabhängig

8

boeken	buchen

9

geachte dames en heren	sehr geehrte Damen und Herren
hiermee	hiermit
bevestigen	bestätigen
voorkomen*	vermeiden
de papieren (het papier)	Papiere
sturen	schicken
nogmaals	noch einmal
met vriendelijke groet	mit freundlichem Gruß
goud waard	Gold wert
langs komen*	vorbeikommen
het kattensprongetje	Katzensprung

Wörterverzeichnis nach Lektionen

N-*a*

bewaren	erhalten, bewahren
gecombineerd met	kombiniert mit
het voordeel	Vorteil
alle kanten op	überall hin
het tientje	10 Gulden
de lichtloper	leichtes Fahrrad
het fietsenverhuurbedrijf	Fahrradverleih
de ontdekkingsreis	Entdeckungsreise
de duin	Düne
het wad	Watt
de broed- en trekvogel	Brüt- und Zugvogel
zonnen	sich sonnen
vliegeren	Drachen steigen lassen
aantrekkelijk	attraktiv
het dorpsgezicht	Dorfansicht
het eiland	Insel
het verst verwijderd	am weitesten entfernt
de bootreis	Bootsreise
de veerboot	Fähre
in beslag nemen*	in Anspruch nehmen
het rustpunt	Ruhepunkt
hectisch	hektisch
eenmaal	einmal

Lektion 18

Ü

onderweg	unterwegs
de reis	Reise

1

de mobiele telefoon / de zaktelefoon	Handy
de zonnebril	Sonnenbrille
de reisgids	Reiseführer
het treinkaartje	Zugfahrkarte
het ticket	Ticket
het horloge	Armbanduhr
het medicijn	Medikament
de zonnecrème	Sonnencreme
de pinpas	Scheckkarte
het buitenlandse geld	ausländische Währung
het snoep	Süßigkeiten
het woordenboek	Wörterbuch
het paspoort	Pass

4

het rijbewijs	Führerschein
de kolom	Spalte
het retour	Rückfahrt
het ogenblikje	Augenblick
verbinden*	verbinden
overstappen	umsteigen
afhalen	abholen
de reservering	Reservierung

5

het telefoongesprek	Telefongespräch
de twee-persoonskamer	Zweibettzimmer
kosten	kosten
de nacht	Nacht
inclusief	inklusiv

6

zakelijk	geschäftlich
blz. (bladzijde)	(Abkürzung:) Seite

8

opzoeken*	heraussuchen

10

de passieve vorm	Passivform
de Noordzee	Nordsee
North Sea Cycle Route (Engl.)	Nordsee-Fahrrad-Route
ter wereld	der Welt
het doek	Tuch
de ring	Ring
het portret	Portrait
de fractie	Bruchstück
oorspronkelijk	ursprünglich
de waarde	Wert
het veilinghuis	Auktionshaus
het eind	Ende
veilen	versteigern
melden	melden
Brits	britisch
onlangs	vor kurzem
de papierfabriek	Papierfabrik
inmiddels	inzwischen
overleden (overlijden*)	gestorben
de Japanner	Japaner
het recordbedrag	Rekordbetrag
de kroonprins	Kronprinz
de burgemeester	Bürgermeister
voltrekken*	vollziehen
burgerlijk	zivil
de Beurs van Berlage	ehem. Börse von A'dam
inzegenen	trauen (kirchlich)
teisteren	heimsuchen
VS (de Verenigde Staten)	USA (die Vereinigten Staaten)
zowel ... als	sowohl ... als auch
metershoog	meterhoch
de golf	Welle
de schade	Schaden
de weg	Straße
de regenval	Regenfall
overstromen	überfluten
treffen*	treffen
de modderstroom	Schlammmasse
de geschiedenis	Geschichte
zwaarst	schwerst
toeschrijven*	zuschreiben
klimatologisch	klimatologisch
het El Niño-effect	El Niño-Effekt
waarbij	wobei
het weerpatroon	Wettermodell
de Stille Oceaan	Stiller Ozean
verschuiven*	verschieben

Wörterverzeichnis nach Lektionen

actief	aktiv
passief	passiv

11

het artikel	Artikel

12

de vorm	Form
het presens	Präsens, Gegenwart
het futurum	Futur, Zukunft

13

de krantenkop	Schlagzeile
weglaten	weglassen
nomineren	nominieren
de dubbelgangster	Doppelganger
ontdekken	entdecken
uitbundig	überschwenglich
binnenkort	bald
vermoedelijk	vermutlich
de voorzitter	Vorsitzender
benoemen	benennen
de misdadiger	Verbrecher
de echtgenote/echtgenoot	Ehefrau/Eheman
oppakken	festnehmen

N-*a*

denderen	donnern
de hartklopping	Herzklopfen
de contact-advertentie	Kontaktanzeige
kapot	kaputt
de treindeur	Zugtür
de vrijdagavond	Freitagabend
vonken	funken
het spijkerjack	Jeansjacke
uitstappen	aussteigen
het keertje	Mal
het eindstation	Endstation
de stoptrein	Nahverkehrszug
kletsen	plaudern
de overbuurvrouw	Frau gegenüber
glimlachen	lächeln
opvangen*	(hier:) mitbekommen
net afgestudeerd	gerade fertig mit dem Studium
drukken	drücken
de chemicus	Chemiker
wennen	sich einleben, sich gewöhnen
de assistentie	Hilfe
Haagse	Haager
het nachtleven	Nachtleben
storten	stürzen
Randstad polytechniek	Zeitarbeitfirma für techn. Berufe
gaan* stappen	ausgehen
Grolsch	Biermarke
Utrecht Centraal	Utrechter Hauptbahnhof
de achtergrond	Hintergrund
het rumoer	Lärm
de Arabier	Araber
ineens	auf einmal, plötzlich

vastgrijpen*	festhalten
prompt	prompt
de lach	Lächeln
de krullen	Locken
de rit	Fahrt
gluren	anstarren
HTS-Amsterdam	Fachhochschule für Technik
studerend	studierend
stom	blöd
uitgepraat (uitpraten)	fertig mit dem Gespräch

Lektion 19

Ü

verkouden	erkältet
de klacht	Beschwerde

1

de maagpijn	Magenschmerzen
de hoofdpijn	Kopfschmerzen
de verkoudheid	Erkältung
de oorpijn	Ohrenschmerzen
de wond	Wunde
de koorts	Fieber
de hoest	Husten
de keelpijn	Halsschmerzen
de spierpijn	Muskelschmerzen/-kater

3

Beterschap!	Gute Besserung!
de apotheek	Apotheke
ziek	krank
onderzoeken*	untersuchen

4

de assistente	Arzthelferin
zeer	weh
dringend	dringend
het spreekuur	Sprechstunde
indienen	einreichen
het ziekenfonds	Krankenkasse

5

controleren	kontrollieren
een flinke griep (de griep)	eine ordentliche Grippe

6

zich (niet) lekker voelen	sich (nicht) gut fühlen

8

het advies	Rat
het probleem	Problem
de buikpijn	Bauchschmerzen
de alcohol	Alkohol
de aspirine	Aspirin
slikken	schlucken
de tand	Zahn
poetsen	putzen
de kiespijn	Zahnschmerzen
de diarree	Diarrhö(e)
het druppeltje innemen*	Tropfen einnehmen
snoepen	naschen

de insectensteek	Insektenstich
de reisziekte	Reisekrankheit
de slapeloosheid	Schlaflosigkeit
de bedrust	Bettruhe

10

bewegen*	sich bewegen
de Hartstichting	Herzstiftung
de gezondheid	Gesundheit
plezierig	vergnüglich
minstens	mindestens
inspannen	anstrengen
het streven	Bestreben
intensief	intensiv
de beweging	Bewegung
de beweegtest	Bewegungstest
nagaan*	kontrollieren
het rondje	Kreis
de bewegingsactiviteit	Bewegungstätigkeit
grasmaaien	Rasen mähen
bladeren harken	Blätter harken
joggen	joggen
hardlopen*	schnell laufen
een toertocht fietsen	eine Fahrradtour machen
de zaalsporten	Hallensport
squash	Squash
de ochtendgymnastiek	Morgengymnastik
roeien	rudern
kanoën	Kanu fahren
langlaufen	langlaufen
de uitslag	Ergebnis
ideaal	ideal
doorgaan*	weitermachen
vast houden*	(hier:) beibehalten
opvoeren	steigern

N-a

de seksuele voorlichting	sexuelle Aufklärung
vrijwillig	freiwillig
de beperking	Beschränkung
de bond	Bund, Verband
zich bezighouden* met	sich beschäftigen mit
ethisch	ethisch
de kwestie	Frage
het anticonceptiemiddel	Verhütungsmittel
omstreeks	um (herum)
de leidende kracht	treibende Kraft
individueel	individuell
de onderdrukking	Unterdrückung
aangeven*	angeben
de seks	Sex
de zaak	Sache, Angelegenheit
de hervorming	Reformation
kortweg	kurz
oprichten	gründen
de voortzetting	Fortsetzung
bovengenoemd	oben genannt
van mening zijn*	der Meinung sein
de seksualiteit	Sexualität

harmonisch	harmonisch
de ontplooiing	Entfaltung
het consultatiebureau	Beratungsstelle
het seksualiteitsprobleem	Sexualitätsproblem
het voorbehoedmiddel	Verhütungsmittel
het condoom	Kondom
hierover	hierüber
geheimzinnig	geheimnisvoll
in de jaren zestig	in den sechziger Jahren
radicaal	radikal
potentieel	potentiell
daardoor	dadurch
afschrikken	abschrecken
de splitsing	Spaltung
ideëel	ideell
de doelstelling	Zielsetzung
professioneel	professionell
de hulpverlening	Beratung
onopvallend	unauffällig
het achterafstraatje	abgelegene Straße
het naambordje	Namensschild
verborgen (verbergen*)	verborgen
de vestiging	Zweigstelle
verspreid	verteilt
medisch	medizinisch
seksuologisch	sexologisch
de seksuoloog	Sexologe

Lektion 20

Ü

de nationaliteit	Nationalität

1

mannelijk	männlich
de Griek	Grieche
de Amerikaan	Amerikaner
Deens	dänisch
de Deen	Däne
de Fransman	Franzose
de Engelsman	Engländer
Belgisch	belgisch
Zwitsers	schweizerisch
de Zwitser	Schweizer
Marokkaans	marokkanisch
de Marokkaan	Marokkaner
de Italiaan	Italiener
Russisch	russisch
de Rus	Russe
Zuid-Afrikaans	südafrikanisch
de Zuid-Afrikaan	Südafrikaner
(de) Portugees	portugiesisch/Portugiese
Indonesisch	indonesisch
de Indonesiër	Indonesier
de Spanjaard	Spanier
Oostenrijks	österreichisch
de Oostenrijker	Österreicher
Turks	türkisch

Wörterverzeichnis nach Lektionen

de Turk	Türke
vrouwelijk	weiblich
de uitzondering	Ausnahme
de Française	Französin
de Russin	Russin

2

een blad papier (het blad)	ein Blatt Papier
ruilen	tauschen

4

de jeugd	Jugend
Indonesië	Indonesien
doorbrengen*	verbringen
de rijsttafel	Reistafel
bij elkaar komen*	zusammenkommen
het schaaltje	Schälchen
tropisch	tropisch
de stamppot	Eintopf
de boerenkool	Eintopf aus Grünkohl u. gestampften Kartoffeln
de rookworst	Rauchwurst
begrijpelijk	verständlich
belachelijk	lächerlich
raar	komisch, merkwürdig
stijf	steif
rumoerig	laut

5

in eigen woorden	mit eigenen Worten

6

waarschijnlijk	wahrscheinlich
de aarzeling	Zögern
liefdevol	liebevoll
de hotdog	Hotdog
de loempia	Frühlingsrolle
de nasi goreng	gekochter Reis mit Hühnerfleisch
de kroepoek	indon. Garnelencracker
scherp	scharf, heiß
de stokjes (het stokje)	Essstäbchen

7

de spreektaal	Umgangssprache
de taal	Sprache
ingaan*	(hier:) runtergehen
ploffen	platzen
betoeterd	verrückt
snakken naar	sich sehnen nach
een royaal gebaar (het gebaar)	eine großzügige Geste
Ik rammel van de honger!	Ich habe einen Bärenhunger!

8

het stripverhaal	Comicstrip
Da's (dat is) helemaal wat moois!	Das hat man gern!
trakteren	spendieren
uitzoeken*	aussuchen
ananas	Ananas
de nasi rames	kleine Reistafel

zoet-zuur	süßsauer
rekenen	rechnen
'ie (hij)	er
verdorie!	Verflixt!
uitkomen* met	auskommen mit
opkrijgen*	weg kriegen
vies	(hier:) eklig

9

navertellen	nacherzählen

10

vreemde talen (de taal)	Fremdsprachen
de persoonlijkheid	Persönlichkeit
de bezienswaardigheid	Sehenswürdigkeit
inzamelen	einsammeln

12

babi	Schweinefleisch
ajam	Hähnchenfleisch
meest bekend	bekanntest
de variatie	Variation
het varkensvlees	Schweinefleisch
het stokje	Holzspieß
geroosterd	geröstet
gaar	gar, durch
mager	mager
de kalkoenfilet	Putenfilet
de scharrelkipfilet	Freilandhuhnfilet
de lamsbout	Lammkeule
het blok	Würfel
Aziatisch	asiatisch
dun	dünn
reep	Streife
hiervan	(hier:) davon
de marinade	Marinade
intrekken*	ein-, durchziehen
roosteren	rösten
schelen	einen Unterschied machen
de wachttijd	Wartezeit
aan een kraampje staan*	an einer Bude stehen
de kabeljauw	Kabeljau
de schelvis	Schellfisch
de mossel	Muschel
de schelp	Schale
geschikt	geeignet
de Quorn	vegetarisches Lebensmittel
de houtskool	Holzkohle
de gembersiroop	Ingwersirup
de citroensap	Zitronensaft
de sojasaus	Sojasauce
de mespunt	Messerspitze
de geelwortel	Gelbwurzel
de komijnpoeder	Kümmelpulver
de laospoeder	Art Ingwerpulver
de korianderpoeder	Korianderpulver
afdekken	zudecken
ontsteken*	anzünden
de barbeque	Grill

de appelstroop	Apfelkraut	het aantal	Anzahl
de sambal	scharfe Gewürzpaste	de asielzoeker	Asylbewerber
de trassi	Trassi (dünne Scheibe getrocknete Garnelenpaste)	het minderhedenbeleid	Minderheitenpolitik
		gericht op	ausgerichtet auf
		de opvang	Aufnahme, Betreuung
de santen	Kokosmilch	de inburgering	Einbürgerung
de ketjap	Sojasauce	de nieuwkomer	Neuling
de pinda	Erdnuss	het inburgeringsbeleid	Einbürgerungspolitik
de kokos	Kokos	preventief	präventiv
snipperen	schnippeln	trachten	versuchen
indikken	eindicken	de fase	Phase
mooi van dikte	von guter Konsistenz	het integratieproces	Integrationsprozess
aanrijgen*	aufspießen	de maatregel	Maßnahme
N-a		buitenschools	außerschulisch
de minderheid	Minderheit	de sfeer	Atmosphäre
circa	zirka	daarnaast	parallel dazu, außerdem
de Middellandse Zee	Mittelmeer	de acceptatie	Akzeptanz
voormalig	ehemalig	multicultureel	multikulturell
overzees	Übersee-	de samenleving	Gesellschaft
het gebiedsdeel	Gebietsteile	bevorderen	fördern
Suriname	Surinam	toegankelijk	zugänglich
Antillen	Antillen	het beleid	Politik
de allochtoon	Ausländer	aanpakken	an etwas herangehen
de geboorteaanwas	Geburtenanstieg	de politiek	Politik
de gezinshereniging	Familienzusammenführung	wiens	wessen?
		het tegenovergestelde	das Gegenteil
de gezinsvorming	Familiengründung	de autochtoon	Einheimischer
de komst	Ankunft, Eintreffen	justitie	Justiz

Alphabetisches Wörterverzeichnis

Die erste Zahl (**fett**) gibt die Nummer der Lektion an, die zweite Zahl bzw. Abkürzung den Lernschritt, in dem das Wort in der jeweiligen Bedeutung zum ersten Mal vorkommt.

A - Z

Alphabetisches Wörterverzeichnis

Alphabetisches Wörterverzeichnis

Alphabetisches Wörterverzeichnis

Alphabetisches Wörterverzeichnis

H

Haagse 18 N-*a*
haar 1 15
haar 15 12
haas 14 3
habbekrats 15 8
hagel 12 13
hagelslag 5 11
halen 8 10
half 4 11
halfje wit 16 1
hallo 1 3
hals 15 12
halvarine 16 16
ham 5 11
hand 7 N-*a*
handdoek 17 1
handig 17 2
hangen 6 N-*a*
hapje 8 12
hard 7 5
hardlopen 19 10
harmonisch 19 N-*a*
hartelijk gefeliciteerd
   6 N-*a*
hartklopping 18 N-*a*
Hartstichting 19 10
hartstikke goed 2 1
HBO-V 7 13
hé 13 3
hè 11 4
headline 15 10
hebben 2 5
hectisch 17 N-*a*
heel (erg) 3 4
heel anders 1 13
heerlijk 13 N-*a*
heester 15 10
heet 8 N-*a*
helder 12 12
helemaal niet 3 4
helft 14 11
helpen 3 N-*a*
hem 2 11
hemel 6 3
Hemelvaartsdag 13 N-*a*
hen 2 3
Herengracht 15 8
herfst 12 15
herhalen 10 11
herkomst 3 14
hervorming 19 N-*a*
het 1 2
heten 1 15
hetzelfde 2 19
hier 1 3
hierboven 1 16
hiermee 17 9

hiernaast 16 6
hiervan 20 12
hij 1 4
historisch 9 N-*a*
hoe 1 15
hoed 4 5
hoek 8 4
hoest 19 1
hoeveel 4 Ü
hoeveelheid 16 17
hoeveelst 13 13
hoeven 8 4
hoewel 10 8
hoezo 6 1
hoger 11 4
hoi 2 10
hond 4 7
Hongarije 1 16
honger 8 10
honing 5 11
honorering 7 13
hoofd 15 12
hoofdgerecht 14 2
hoofdpijn 19 1
hoog 9 8
hoogseizoen 17 3
hoogslaper 11 N-*a*
hoogst 4 N-*a*
hooi 13 N-*a*
hoor 1 3
horen 1 2
horen 2 15
horloge 18 1
hotdog 20 6
hotel 9 8
houden van 2 N-*a*
houding 15 N-*a*
houtskool 20 12
HTS-Amsterdam 18 N-*a*
huidig 13 N-*a*
huis 9 8
huisdier 4 7
huishoudelijke
   apparaat 17 Ü
huishouden 5 6
huisje 12 Ü
huisman 7 9
huisvrouw 2 12
huiswerk 12 3
huiswijn 8 5
hulp 3 N-*a*
hulpverlening 19 N-*a*
hulpwerkwoord 6 6
hun 3 11
huren 14 10
hutspot 8 N-*a*
huwelijk 8 N-*a*
hyacint 9 N-*a*

I

ideaal 15 10
idee 8 5
ideëel 19 N-*a*
'ie (hij) 20 8
ieder 5 4
iedereen 3 7
iemand 1 3
Ierland 1 16
iets 4 13
iets goeds 15 3
iets graag doen 10 1
ietsje 16 7
ijs 10 N-*a*
ijsje 8 1
IJssel 7 N-*a*
ijzel 12 13
ijzer 16 16
ik 1 3
immigrant 15 N-*a*
imperfectum 12 6
in 1 2
in beslag nemen
   17 N-*a*
in de rij staan 8 N-*a*
in de jaren zestig
   19 N-*a*
in eerste instantie
   9 N-*a*
in hemelsnaam 11 N-*a*
in tegenstelling tot
   13 N-*a*
inburgering 20 N-*a*
inburgeringsbeleid
   20 N-*a*
inclusief 18 5
inderdaad 4 10
indienen 19 4
indikken 20 12
individualist 15 N-*a*
individueel 19 N-*a*
Indonesië 20 4
Indonesiër 20 1
Indonesisch 20 1
ineens 18 N-*a*
infinitief 6 2
informatie 3 11
informeel 5 5
ingaan 20 7
inhouden 7 12
initiaal 13 N-*a*
inlichting 7 12
inluiden 13 N-*a*
innemen 19 8
inmiddels 18 10
inrichting 11 N-*a*
inruilen 16 N-*a*
insectensteek 19 8

inspannen 19 10
instelling 7 13
instructie 14 11
integendeel 11 N-*a*
integratieproces
   20 N-*a*
intensief 19 10
interessant 7 N-*a*
interviewen 10 8
intrekken 20 12
invullen 1 1
inwoner 4 3
inzamelen 20 10
inzegenen 18 10
IQ 1 14
Italiaan 20 1
Italiaans 7 13
Italië 1 16

J

ja 1 3
jaar 4 11
jaarlijks 9 N-*a*
jam 5 11
jammer 7 4
januari 12 15
Japanner 18 10
jarig zijn 13 13
jarige 6 N-*a*
jas 15 1
jawel 5 4
jazzballet 5 9
je 1 3
je handen vol hebben
   7 5
jeansshop 15 3
jeetje 13 3
jeugd 20 4
jezelf voorstellen 1 2
jij 1 3
joggen 19 10
jong 2 12
jongeren 14 N-*a*
Jordaan 15 8
jou 2 1
jouw 2 18
juist 1 1
juli 12 15
jullie 2 5
juni 12 15
jurk 15 1
justitie 20 N-*a*

K

kaal 3 16
kaart 1 16
kaartje 4 5
kaas 5 11

Alphabetisches Wörterverzeichnis

Alphabetisches Wörterverzeichnis

Alphabetisches Wörterverzeichnis

noodzakelijk **16** 16
nooit **3** N-*a*
noord **9** N-*a*
Noorwegen **1** 16
normaal **2** 12
noteren **17** 3
nou **2** 5
november **12** 15
NS **10** 8
nu **1** 3
nul **2** 14
nummer **2** 19

O

o! **1** 3
O, best. **2** 1
o.a. **7** N-*a*
ober **8** 5
ochtendgymnastiek
   19 10
oefenen **13** 2
of **1** 16
officieel **13** N-*a*
ogenblikje **18** 4
oké **8** 4
oktober **7** 13
olie **14** 1
om **2** N-*a*
oma **2** 12
ombouwen **11** 1
omdat **10** 5
omgaan **14** 10
omroeren **14** 11
omschrijving **7** 12
omstreeks **19** N-*a*
omzet **9** N-*a*
onafhankelijk **17** 6
ondanks **15** 10
onder **2** 12
onderbinden **12** N-*a*
onderdrukking
   19 N-*a*
ondernemersbond
   13 N-*a*
onderontwikkeld
   15 N-*a*
onderstaand **7** 13
onderstrepen **9** 6
onderweg **18** Ü
onderwerp **7** N-*a*
onderzoek **7** 13
onderzoeken **19** 3
onderzoeksinstituut
   14 N-*a*
ongemanierd **5** N-*a*
ongeveer **4** N-*a*
ongezellig **11** 3
onhartelijk **5** N-*a*

onlangs **18** 10
onmisbaar **16** 16
onopvallend **19** N-*a*
ons **2** 12
ontbijt **5** 6
ontbijten **5** 1
ontbijtkoek **5** 11
ontbrekend **3** 14
ontdekken **18** 13
ontdekkingsreis
   17 N-*a*
ontmoeten **6** 10
ontplooiing **19** N-*a*
ontspannendst **15** 8
ontstaan **10** N-*a*
ontsteken **20** 12
ontwikkelen **8** N-*a*
onvriendelijk **2** 13
onweer **12** 13
onze **2** 5
oog **3** 16
ooit **9** N-*a*
ook **1** 3
oom **3** 10
oor **15** 12
oorlog **16** N-*a*
oorpijn **19** 1
oorspronkelijk **18** 10
oost **12** 5
Oostenrijk **1** 3
Oostenrijker **20** 1
Oostenrijks **20** 1
op **1** 2
op de hoek **8** 4
op het laatst **14** 11
op maat **14** 3
op mijn gemak **5** 4
op smaak brengen
   14 11
op stap **5** 4
opa **3** 10
opbellen **2** 18
opdrachtgever **11** N-*a*
open **11** 14
openbaar vervoer
   11 15
openheid **11** N-*a*
openzetten **14** 10
opgroeien **7** N-*a*
ophangen **11** 2
ophouden **5** 1
opklaren **12** 12
opkrijgen **20** 8
opleiding **7** 12
opletten **1** 6
opleveren **9** N-*a*
opnieuw **12** 12
oppakken **18** 13

oprichten **19** N-*a*
opruimen **5** 9
opschieten **13** 2
opschrift **8** N-*a*
opschrijven **1** 4
opstaan **5** Ü
opticien **7** 1
optimistisch **3** 3
optocht **13** N-*a*
opvallen **3** 18
opvallend **9** N-*a*
opvang **20** N-*a*
opvangen **18** N-*a*
opvoeren **19** 10
opzoeken **18** 8
oranje **9** 11
Oranjevereniging
   13 N-*a*
orde **8** 13
organisatie **10** N-*a*
organiseren **13** N-*a*
orgelman **7** 1
origineelst **15** 8
oud **2** 9
ouder **2** 12
ouderen **14** N-*a*
ouders **12** 5
ouderwets **12** 5
oudheid **15** 10
oudst **6** 13
ovengerecht **14** 3
over **3** 11
over iets denken **5** 4
overal **8** N-*a*
overblijven **11** N-*a*
overbodig **15** 8
overbuurvrouw
   18 N-*a*
overeenkomen met
   16 N-*a*
overhemd **15** 1
overigens **15** 8
overlaten **12** N-*a*
overleden **18** 10
overleggen **5** 4
overnachten **13** 2
overstappen **18** 4
overstromen **18** 10
overwerken **13** 1
overwinning **15** N-*a*
overzees **20** N-*a*
overzicht **1** 16

P

paar **3** 15
paard **13** N-*a*
paardensport **10** N-*a*
paardrijden **17** 5

paars **9** 11
Paasdag **13** N-*a*
paddestoel **10** N-*a*
pagina **3** 14
pak **15** 1
pakje **14** 11
pakken **11** 4
pan **14** N-*a*
papier **17** 9
papierfabriek **18** 10
paprika **14** 11
pardon **2** 5
Parijs **2** 16
parkeerplaats **10** 8
parkeren **15** 10
participium **6** 5
partner **3** 14
part-time **4** N-*a*
pas **8** 3
paskamer **15** 5
paspoort **18** 1
passant **9** 4
passen **3** 1
passen **15** 5
passend **1** 5
passief **18** 10
passieve vorm **18** 10
pasta **14** 3
patat **8** Ü
patatkraam **8** 1
paté **8** 5
patiënt(e) **2** 4
patisserieën **8** N-*a*
patriciërshuis **15** 8
pech **14** 6
peer **8** 14
pensioenregeling **7** 12
pension **17** 6
peper **14** 1
per week **4** N-*a*
perfectum **6** 2
periode **7** 13
persen **14** 11
personeelsadvertentie
   7 12
persoon **2** 2
persoonlijk **7** 12
persoonlijkheid **20** 10
persoonlijkheidstest
   3 3
perzik **16** 1
pessimistisch **3** 1
pet **15** 1
peterselie **14** 11
peulvrucht **16** 16
piano **11** 10
piepklein **11** N-*a*
pikken **10** 3

Alphabetisches Wörterverzeichnis

219

Alphabetisches Wörterverzeichnis

Alphabetisches Wörterverzeichnis

Alphabetisches Wörterverzeichnis

Alphabetisches Wörterverzeichnis

westen **12** 12
weten **3** 13
wezen **8** 14
wie **2** 6
wiebelen **12** N-*a*
wielrennen **10** N-*a*
wielrijdersbond
  10 N-*a*
wiens **20** N-*a*
wijk **15** 8
wijn **8** 5
wijnkaart **14** 3
wijze **7** N-*a*
wijzen* **9** 8
willen **1** 16
wind **12** 12
winderig **12** 11
windsurfen **17** 5
winkel **7** 6
winkelen **5** 4
winkelier **13** N-*a*
winkelstraat **15** 8
winnen **6** 12
winter **10** N-*a*
wintersport **13** 3
wintersportvakantie **4** 3
winterwortel **14** 11
wisselen **13** 2
wit **9** 11
witlof **8** N-*a*
woensdag **4** 12
wolk **12** 11
wond **19** 1
wonen **1** 3
woning **11** Ü
woningtype **11** 14
woonark **12** N-*a*
woonboot **11** 1
woonkamer **11** 2
woonplaats **1** 10
woord **3** 4
woordenboek **18** 1

woordenschatoefening
  10 10
woordje **10** N-*a*
worden **4** N-*a*
worst **5** 11
worteltje **8** N-*a*

X / Y
xxx-jes **2** N-*a*
yoghurt **5** 11

Z
zaak **9** N-*a*
zaalsporten **19** 10
zachtjes **14** 11
zagen **11** 10
zak **13** N-*a*
zakelijk **18** 6
zakenreis **13** 1
zakenrelatie **13** 2
zakje **16** 12
zaktelefoon **18** 1
zalig **8** 14
zalm **14** 3
zandpad **7** N-*a*
zaterdag **4** 12
ze **1** 4
zee **17** 6
zeep **16** 1
zeer **19** 4
zeg dat wel! **5** 4
zegelactie **16** N-*a*
zegeltje **16** N-*a*
zeggen **2** 5
zeggen gedag **8** 6
zeilboot **10** N-*a*
zeilen **10** N-*a*
zeker **7** 4
zelf **2** 8
zelfs **15** N-*a*
zelfstandig **7** N-*a*
16de eeuw **8** N-*a*

zetmeel **16** 16
zetten **1** 16
zeuren **13** 3
zgn. **10** N-*a*
zich (niet) lekker voelen
  19 6
zich aankleden **5** 1
zich afvragen **16** N-*a*
zich bezighouden met
  19 N-*a*
zich herinneren **12** 5
zich kenmerken door
  9 N-*a*
zich vervelen **14** 10
zich voorstellen **1** 6
zich wassen **5** 3
zichzelf **5** N-*a*
ziek **19** 3
ziekenfonds **19** 4
ziekenhuis **1** 2
ziekenhuiswezen **7** 13
zien **3** 8
zij **1** 4
zijn **1** 15
zijn* **1** 3
zin **5** 7
zin **8** 5
zingen **11** 10
zitten **1** 3
zo **1** 16
zo **8** 5
zo'n **3** N-*a*
zoals **3** 7
zoeken **3** 19
zoen **15** 14
zoet **8** 8
zoet-zuur **20** 8
zoiets **6** 3
zolder **11** 15
zolderkamer **11** 14
zomaar **2** N-*a*
zomer **7** 13

zomervakantie **13** 14
zon **12** 11
zondag **4** 12
zonde van de tijd **10** 5
zonder **6** 14
zone **1** 16
zonnebril **18** 1
zonnecrème **18** 1
zonnen **17** N-*a*
zonnetje **8** 8
zonnig **12** 11
zonovergoten **7** N-*a*
zoon **3** 10
zorgen **2** N-*a*
zout **14** 1
zoveel **10** N-*a*
zowel ... als **18** 10
Zuid-Afrikaan **20** 1
Zuid-Afrikaans **20** 1
Zuiden **11** N-*a*
Zuid-Holland **7** N-*a*
zuidoosten **12** 12
zuiltje **10** N-*a*
zuiver **8** 13
zullen **3** N-*a*
zus **3** 10
zus **3** N-*a*
zussen **3** 18
zwaan **9** N-*a*
zwaar **13** 3
zwaarst **18** 10
zwager **3** 10
zwart **9** 11
Zwarte Piet **13** N-*a*
Zweden **1** 16
zwembroek **13** 2
zwemmen **10** 1
Zwitser **20** 1
Zwitserland **1** 16
Zwitsers **20** 1

Quellenverzeichnis

Seite 9/10/18: Fotos: Torsten Warmuth, Kassel
28: Foto: MHV-Archiv (Franz Specht)
34: Texte aus: Libelle © VNU tijdschriften b.v., Haarlem
35: Cartoon: Toon van Driel, Amsterdam
41: Realien: Artis, Amsterdam; Van Gogh Museum, Amsterdam; Reederij P. Kooij, Amsterdam
42: CBS, Voorburg/Heerlen; NSS, RAI, Amsterdam
45: Foto: © Thinkstock/Wavebreak Media
48: Text aus: Hans Kaldenbach: Doe maar gewoon, 99 tips voor het omgaan met Nederlanders © Verlag Prometheus, Amsterdam; Foto aus Libelle © VNU tijdschriften b.v., Haarlem
50: A, C, D: SunArt, Berlin; B: Family Circle, North Matton
55: Fotos: Josina Schneider-Broekmans, Mühltal
56: Text aus: Hans Kaldenbach: Doe maar gewoon, 99 tips voor het omgaan met Nederlanders © Verlag Prometheus, Amsterdam
60: Foto: © Thinkstock/Digital Vision/Kane Skennar
64: Foto: Jan Griffoen, Zutphen; Text und Radierung: Wim van der Meij, Zutphen
71: Foto: Toerisme Vlaanderen, Brussel
74: Text: Ministerie van de Vlaamse Gemeenschap, Brussel; Europese Comissie, Den Haag; Dagblad de Limburger, Maastricht; Abbildung: Mark Janssen, Valkenburg
80: Zeichnung: Daniela Eisenreich, München
86: Foto: Wiener Tourismusverband
93: IKEA Einrichtungs-GmbH Süd, Eching; rechts: Duravit AG, Horneberg
104: Van Gogh: Schlafzimmer in Arles 1889 © akg-images/Erich Lessing
107: Foto: Werner Bönzli, Reichertshausen
108: Text aus: Libelle © VNU tijdschriften b.v., Haarlem
123: Text und Fotos aus: Libelle © VNU tijdschriften b.v., Haarlem
124: Text : © NRC Handelsblad, Rotterdam; Abbildungen: SunArt, Berlin
126: Foto links: Quelle AG, Fürth; rechts: HIJ Mannenmode B.V., Utrecht
127: Foto oben: HIJ Mannenmode B.V.; unten: ZIJ Mode, Utrecht
130: unten: Museumboot, Amsterdam
133: Het Nationale Ballet © Deen van Meer, Amsterdam
134: Foto: © dpa Picture-Alliance
142/143: Voorlichtingsbureau voor de Voeding, Den Haag
144: Abbildungen: Albert Heijn, Zaandam
147/148: Abbildungen: VVV Vlieland
149/150 oben: Abbildungen: VVV Waddeneilanden
152: Karte: VVV Waddeneilanden; 152 rechts: Fotos: VVV Texel
155: Fotos links und Mitte: MHV Archiv (Siegfried Kuttig)
158/159: alle Artikel: NRC Handelsblad, Rotterdam; Bild oben: Van Gogh: Bildnis des Dr. Paul Gachet, 1890 © Artothek/Peter Willi; Bild unten: RVD, Den Haag
165: Text: NOC *NSF, Arnhem
166: Realien: Rutgers Stichting, Den Haag
169: Abbildung: Yvonne Pattché, Rijswijk
171/173: Text und Abbildungen aus: Libelle © VNU tijdschriften b.v., Haarlem
174: Ministerie van Justitie, Den Haag

Seite 14/37/85/87/155 rechts/156/160: Abbildungen/Texte: NS, Utrecht
Seite 16/21/26/46/101/102: Fotos: MHV-Archiv (Dieter Reichler)
Seite 94/111/112/119, 128, 129: Fotos: MHV-Archiv (Jack Carnell)
Seite 66 links, 69, 78, 90, 92 (3), 98, 108, 115, 116, 130, 131, 150 unten: Fotos: Niederländisches Büro für Tourismus, Köln
Seite 30, 38, 47, 56, 66 rechts, 67, 68, 77, 82, 92, 118, 137, 138, 170: Fotos: Jan Balsma, Amersfoort
Briefmarken: PTT Post Filatelie, Haarlem; De Post Filatelie, Brussel